让人积极快乐的七个转念

王金才 著

华南理工大学出版社
·广州·

图书在版编目（CIP）数据

让人积极快乐的七个转念 / 王金才著. —广州：华南理工大学出版社，2018.9

　　ISBN 978-7-5623-5548-9

Ⅰ.①让…　Ⅱ.①王…　Ⅲ.①思维方法-通俗读物　Ⅳ. B80-49

中国版本图书馆CIP数据核字（2018）第190658号

Rangren Jiji Kuaile De Qige Zhuannian
让人积极快乐的七个转念

王金才　著

| 出 版 人：卢家明
| 出版发行：华南理工大学出版社
　　　　　（广州五山华南理工大学17号楼，邮编510640）
　　　　　http://www.scutpress.com.cn　E-mail: scutc13@scut.edu.cn
　　　　　营销部电话：020-87113487　87111048（传真）
| 策划编辑：吴兆强
| 责任编辑：吴兆强
| 印 刷 者：广州市穗彩印务有限公司
| 开　　本：880mm×1230mm　1/32　印张：5.75　字数：112千
| 版　　次：2018年9月第1版　2018年9月第1次印刷
| 定　　价：28.00元

版权所有　盗版必究　　印装差错　负责调换

作者介绍

本人毕业于西北农林科技大学，获农学硕士学位，工作期间获得饲料与畜牧行业EMBA、美国NLP高级执行师（应用心理学）证书，开创了"积极心态"等课程，有超过百场的培训经验。现为湛江恒泰投资信息中心合伙人，是湛江恒兴养殖技术服务有限公司总经理及广东恒兴股份副总经理、高级内训师。培训的代表课程有积极的心态、正能量、职业经理人素养等。

本人幼年就失去了母亲，而父亲脾气暴躁，1981年住校读初中时正值改革开放初期，在我们吉林那个偏僻的小镇，正面临着社会价值观的动荡，年轻人喜欢耍横斗狠。周围有人说，这样的孩子七成会成为少年犯。而今，不惑之年的我，从一名技术员成长为总经理和集团公司股东，还开发了"积极心态"课程，并在多场培训中亲自授课，广受欢迎，实属不易。

你可能会好奇本人是如何一路走过来的。不止你们，其实，连本人多年前的老师、同学、同事听到、见到本人的变化也很吃惊，因为，在他们的印象中，本人是个内向、不善言谈的人。刚参加工作时由于不善于与人沟通，有时会得罪领导、同事，气得自己辞去事业单位的职务，进入民企。后来，在社会中的磨炼使我日益成熟，为此本人在业余时间开始关注实用心理学，通过学习知道美国催眠大师米尔顿从小患小儿麻痹症，为减缓双腿带来的痛感，他不断修炼，通过催眠术减缓自己双腿的痛感，最终成为著名的催眠大师；全国优秀教师、中国人民大学附属中学教师王金战老师因为自己曾是个"差生"，最清楚"差生"的心理，从而以健康的心态和有效的沟通激励无数差生考上名牌大学……我意识到，我也可以把自己的弱点修炼成优点，那就是反过来，把关注点转向正面的、积极的方面。

2009年，我获得了NLP高级执行师证书，通过向黄启团老师和张国维老师的学习，打开了通往积极之道的另外一扇大门。

其实我们每个人都向往积极、美好的人生，只是大多数人不懂得如何去做。那么，是什么影响人的一生呢？

答案不是家庭背景，不是生辰八字，更不是任何人。能改变你自己的只有你的思维或者说是你的想法，当你换个想法或者说转个念头，世界将从此不同。

一种自我成长的喜悦，一种想与人分享、希望更多人受益的冲动使我历经十数年时间写成此书。该书的内容实用、新颖、浅显易懂，七个转念，既是理念，又是方法，可以让我们在面对问题和压力时，快速跳出负面思维和不良情绪，帮助我们在身处逆境时看到解决问题的诸多可能性，从而改变自己，成为积极向上的人。

七个转念产生背景 / 1

01 第一个转念:"要"

一、"要"多用正面语言 / 6
二、"要"给人肯定,以肯定达到鼓励作用 / 9
三、在交往中"要"掌握快乐法则 / 13
四、"要"活在当下 / 17

02 第二个转念:"能"

一、"能"自己先做些什么,再要求别人做什么 / 22
二、"能"做到沟通时先尊重他人 / 29
三、"能"让人做得更好的是责任心 / 32
四、"能"用开放式提问,给出更多选项 / 35

03 第三个转念:"有"

一、拥"有"过去的经验 / 38
二、拥"有"现在的资源 / 40
三、拥"有"引领未来的理念 / 44

04 第四个转念:"用"

一、"用"在有效率的方向 / 48
二、"用"在有效果的方面 / 50
三、"用"在有效益的事物 / 54

CONTENTS

05 第五个转念："好"

一、预设事情有"好"的结果 / 62

二、预设人的动机是好的 / 70

三、预设对方是好人 / 74

06 第六个转念："解决"

一、解决问题从觉察情绪开始 / 78

二、解决问题需要有效沟通，有效沟通需要亲和力 / 83

三、解决现场问题的三步曲 / 89

四、解决问题的理解层次法 / 91

07 第七个转念："五指"心态

一、内省心态 / 104

二、换位心态 / 116

三、坦诚心态 / 130

四、主动心态 / 136

五、知足心态 / 146

致谢 / 154

附 表 / 155

参考文献 / 169

七个转念产生背景

2002年的一天，我聆听华南理工大学陈春花教授的公开课，对于我的提问，她说："你需要积极心态！"这一句话当时就印在了我的内心深处。当时我虽涉世不深，但我有一颗上进之心，我很想通过自己的努力在这个社会上能有所作为，体现自己的价值。从此我立志培养自己的积极心态，不断总结、反思。多年以来，陈老师的话一直回响在我的脑海中，给予我力量。

2004年，我从农牧行业EMBA班毕业，山东六和集团董事长张唐之先生对我说："积极对待自己、主动对待工作、热情对待别人……"饲料行业教父之谆谆教导历久弥新。

从此之后，我开始做积极心态培训课程，本书中的七个转念，是我通过企业创业运营管理实践，结合多年的企业培训总结而成的，这种办法对我管用，相信对大家也有帮助，因此将此办法介绍给大家。所谓"七个转念"是"要、能、有、用、好、解决（图0-1）及五指心态（图0-2）"。为了方便记忆，将前六个转念"要、能、有、用、好、解决"连接起来，简称人生在世要做一位"要能有用"的人、"好"人、"解决"问题的人。

七个转念可以指引大家给事件的发生一个积极主动向上的解释，应用七个转念，可以让个体从当下的每一刻起，去连接本人积极主动的人生目标。经过长时间的反复运用，当这七个转念成为我们的日常习惯时，我们的心态将更加积极，大脑潜能将会得到更大的发挥。

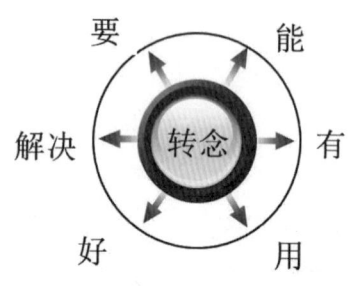 

图0-1 转念一～转念六：要、能、有、用、好、解决

图0-2 转念七：五指心态

何为转念？ 谈转念之前，我先来解释下什么叫"念"。"念"指"念头"，也可以理解为思考的焦点或注意力的焦点。

念有初念与转念之分。我们平常所说的"念头一闪"就是初念，也就是脑海里刹那间闪过的当下意识或潜意识。转念是指初念经过大脑思考，转化后的念头、意念。

人们日常行为的决策原点是动机。一个动机可以有很多个念头，念头的差异会造成行为的差异，由此，可以说"念头决定行为"。

人们遇到事情或者问题时，初念产生的时间可能只有不到0.01秒，一般来说，5秒内是冲动、仓促、愤怒的魔鬼时间，同时，这5秒内的初念反应又往往决定人们的行为后果。如果在5秒内能够冷静地转念，控制冲动的初念，事情就会向好的方向发展。初念经过强化或者转念，会成为我们的意念、意识、观念、信念、价值观。

初念浅、转念深。一般来讲，人们的初念是一时的冲动。如果是由初念产生的行动，那是有漏洞和不完全的，因为往往只看到事物的表面，而没有看到事物的本质。而转念是经过思考后，将主观的初念转变为客观的转念，也就能使得认识事物从表面向着内在的不断深入的质转变。

图0-3描述了个体产生的初念和转念所发生行动的结果以及信念的形成、念头和信念之间的循环关系：

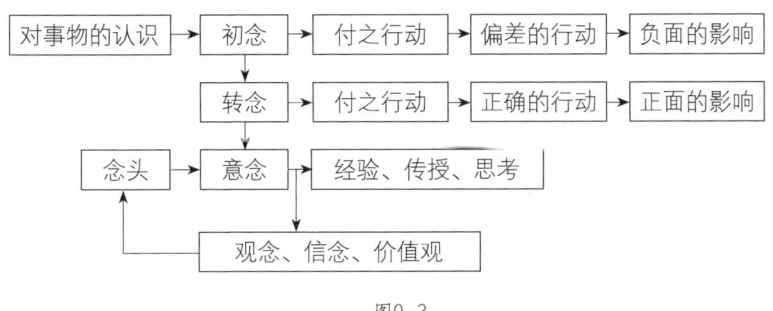

图0-3

俗话说"念转"则"运转"。同样的事，发生在不同人的身上，结果可能会完全不一样，这是因为每个人的观念不一样，就会导致行为和结果不一样。要想改变你的"运"气，就从改变当下你的每个念头开始吧。

随着现代社会的飞速发展，竞争越来越激烈，生活和工作的节奏不断提速，人们在生活和工作中会遇到越来越多的压力和各种各样的问题，有时一不小心就陷入负面的思维模式和不良情绪中，甚至无法自拔，严重影响自己的身心健康和人际关系。其实，大部分人都愿意做积极主动的人，只是不知怎样去做。很多人不缺乏决心或积极的目标，却不懂得当下怎样去思考和行动，这时，我们就需要一些可操作的、积极的方法来引领自己怎样去行动。

七个转念，引导我们在日常工作与生活中，在念头产生的第一时间，将初念转念到积极、正面的方向，引领我们做出积极的行动，做一位"要能有用"的人，"好"人，"解决"问题的人，成为可以称之"你真棒"的人。

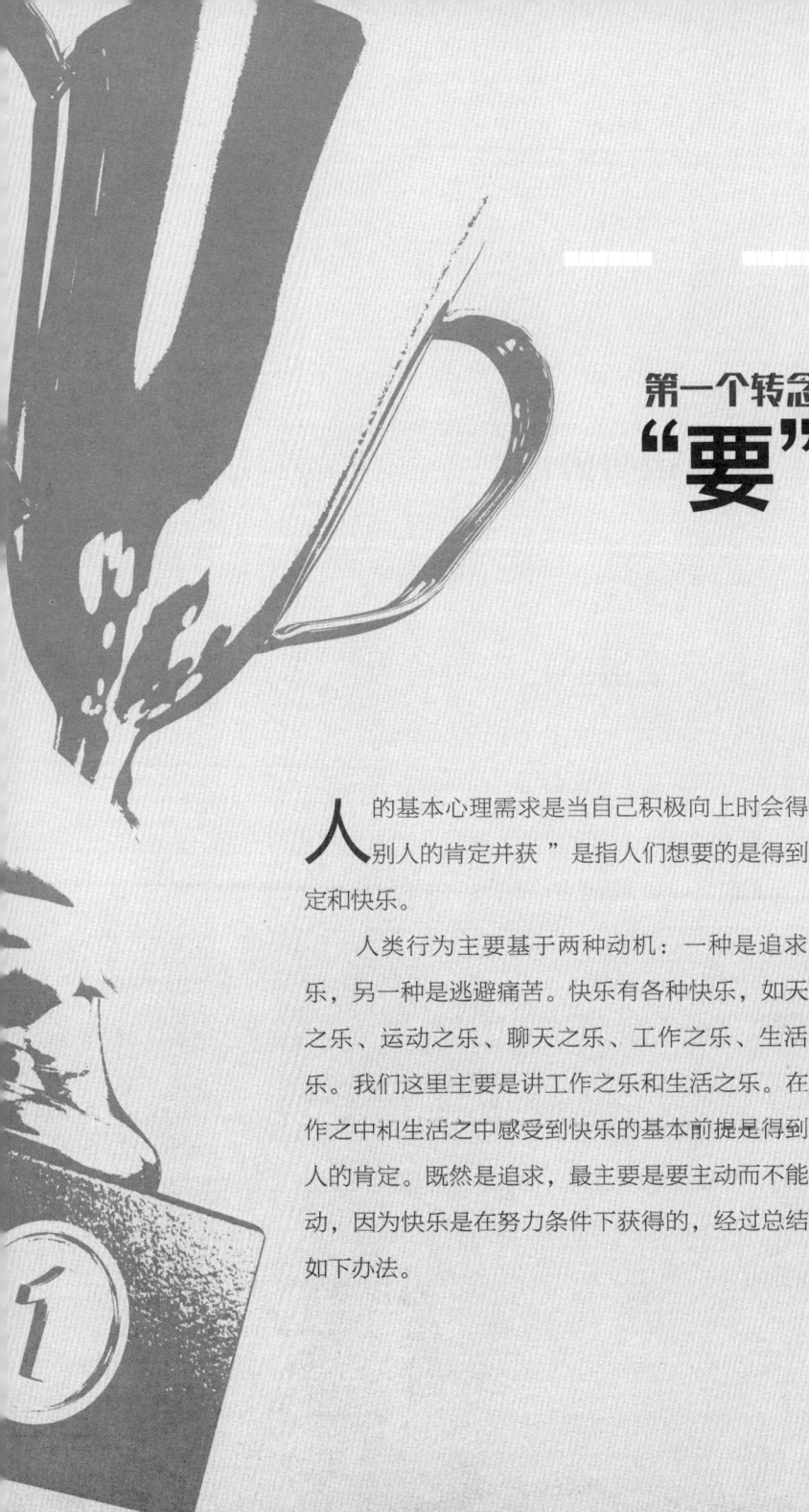

第一个转念 "要"

人的基本心理需求是当自己积极向上时会得到别人的肯定并获"是指人们想要的是得到肯定和快乐。

人类行为主要基于两种动机：一种是追求快乐，另一种是逃避痛苦。快乐有各种快乐，如天伦之乐、运动之乐、聊天之乐、工作之乐、生活之乐。我们这里主要是讲工作之乐和生活之乐。在工作之中和生活之中感受到快乐的基本前提是得到别人的肯定。既然是追求，最主要是要主动而不能被动，因为快乐是在努力条件下获得的，经过总结有如下办法。

"要"
多用正面语言

　　正面语言是尊重对方、同时能够获得对方尊重自己的基础。正面语言可以激发出思想、意念及行为上的正面力量。这种表达出正面词汇和美好事物的语言,这里称之为"正面语言"。

　　世间万物都是有能量的,同样语言也带有能量,每个词汇都会引导出一个相应的心像,每个人的能量随思想而动。用正面词汇去思考和讲话,带出的往往是正面心像和正能量;用负面词汇去思考和讲话,带出的往往是负面心像和负能量。古语说"好言一句三冬暖,恶语伤人六月寒。""一言可以兴邦,一言可以丧邦。"就是这个道理,因此,我们要意识到自己每天所说的话有很大威力,为此我们要注意我们说话的方式,锻炼我们的说话能力。

例如，人们越是否定什么，被否定的事物就越突出。对孩子说"不要吵！"他们可能会更闹，因为他们会更注意"吵"字，如果你换成"安静！"这个词汇，效果会更好。为什么会这样呢？心理学家告诉我们真相：人的潜意识往往会忽略带否定意义的"不、别、不要"等副词，有时，使用否定副词反而会强化其后面的内容，所以，平时我们要多运用正面词汇，多运用正面语言。

或者说，控制自己，与其想让自己不做什么，不如用正面词言直接告诉自己的潜意识，你想让自己做些什么，然后去行动；引导他人，与其想告诉他人不做什么，不如用正面词语直接告诉他人做些什么，这种表达更有建设性和积极性。

试想象一下，人的正面语言系统就如同汽车的车载导航系统中的导航软件，你既然可以在车载导航系统中设定好目标和路径，并按下导航按钮，同样也可以在自己的思维系统中设定好美好人生目标和正面语言路径，只要按下按钮，正面语言系统可以把你带向美好的人生。

语言表达示例：

正面词汇表达	消极词汇表达
请安静	不要吵了
我希望会议顺利进行	不要吵了（在会议上）
请你千万准时到	不要迟到
这样做不容易	这样做很难

第一个转念

请你务必把它做好　　　你千万不要搞砸了

你离正确答案又近了　　你又回答错了

他这样会影响工作效率　他性格暴躁脾气不好

我们从上面可以得出，采用否定的动词是消极的语言。

"要"给人肯定，
以肯定达到鼓励作用

儿子1岁时，我曾给牙牙学语的他看图1-1、图1-2两幅表情，"这两幅表情哪个是你啊？"儿子直接把我的手拉过去按到笑脸上，看来，追求快乐是儿童的天性，也是人类的天性。如果以转念"要"的观念和技巧与他人沟通，那么我们往往也会成为受欢迎的人。沟通中往往是你先给予对方肯定，对方才可能正面回应你。

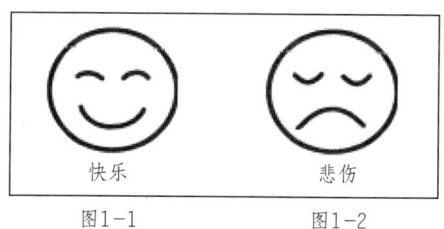

图1-1　　　　　图1-2

第一个转念

科学发现,人在轻松快乐时,才更加具有创新能力,所以,现代教育就有了"在赏识中教育,在激励中成长"的理念。

儿子4岁时,我教他打羽毛球。一开始,我教他拿好球拍,发球时有意将球发到他的球拍上,这样,即使他不用力回球,球也会弹回来。每次球弹回来时,我都会夸他:"你真棒,球都打回来了。"如此反复,他越来越有兴趣打羽毛球,进步也越来越快了。例如:

有一天,一位校长看到一位男生用砖头砸同学,便将其制止并叫他到校长办公室去。当校长回到办公室时,男孩已经等在那里了。

校长掏出一颗糖给这位同学:"这是奖励你的,因为你比我先到办公室。"接着他又掏出一颗糖,说:"这也是奖励给你的,我不让你打同学,你立即住手了,说明你尊重我。"【肯定学生】

男孩将信将疑地接过第二颗糖,校长又说道:"据我了解,你打同学是因为他欺负女生,说明你很有正义感,我再奖励你一颗糖。"【肯定学生正面动机】

这时,男孩感动得哭了,说:"校长,我错了,同学再不对,我也不能采取这种方式。"校长于是又掏出一颗糖:"你已经认错了,我再奖励你一块。我的糖发完了,我们的谈话也就结束了。"这位校长就是20世纪中国著名教育家陶行知先生。

在这次教育中，陶行知先生通过肯定男生提前到达办公室的行为、肯定男生停止打人的行为、肯定男孩打人的正面动机，启发孩子一步步地不断地感受到自己的价值和被尊重，最后感动得哭了并主动反省错误，得到了很好的教育效果。

在工作和生活中你是否遇到过一见面就常讲负面消息或者抱怨的人？我的应对办法是——见面或者电话中的第一句话往往是："你有什么好消息？"尝试着引导他们转念往快乐的方向。如果你身边有人的关注点多是负面的，和他在一起，你总会莫名地感觉到心情不好，这是因为你受到他负能量的影响，你可以选择转移话题或者远离他。

出外与人聚餐，当别人点了你喜欢的菜，不妨适当表达出来，创造轻松快乐的氛围；如果遇到你不喜欢的菜，想想它可能是别人喜欢的，不去评价即可。

给人肯定就是快乐，快乐就是传递正能量。正能量又可以进一步给周围的人带来快乐，快乐的员工带来快乐的顾客，快乐就是生产力。正能量培养追求幸福的心理能力。给予孩子肯定的父母，不是溺爱孩子，相反，可以培养出孩子的自我价值感和责任感，培养出孩子正确追求幸福的能力。

值得注意的是，给他人带来快乐，更多的是创造一种轻松快乐的氛围，引导他人走向快乐的方向。对个体而言，真正的快乐，不是来自外部环境和他人，而是来自个人内心；不是来自于物质，而是来自于精神，真正的快乐来自于个人正向的选择，来自于个人心灵的宁静。内心的宁静需要我们接纳不完美的自己，同时要积极从善向上、知足进取。

下面，把两位妈妈在孩子放学后关心孩子的问话方式做对比，左侧是A妈妈的问话，她无意中引导孩子关注的是负面的，是不快乐的，或者是没有正向诱导儿子回答，我们谓之是一般问话。一般问话的对话结果往往也是不快乐的；右侧是B妈妈的问话，它引导孩子关注的是快乐的事情，对话的结果往往是开心的、乐观的、美好的，请细心的读者感受一下：

A妈妈（一般问话）	B妈妈（引导人关注快乐事物的问话）
孩子放学后（妈妈问孩子）：	孩子放学后（妈妈问孩子）：
1. 今天有没有受欺负？	1. 今天和哪些同学玩得好啊？
2. 今天受批评了吗？	2. 今天有什么好收获吗？
3. 今天在学校遇到了什么问题？	3. 学校有什么好事发生吗？（今天交了哪些好朋友？）
4. 今天你表现怎样？	4. 今天你有什么好的表现吗？

二 在交往中"要"
掌握快乐法则

什么是快乐法则?快乐法则就是指心理学的一条著名理性观念——"像你希望别人如何对待你那样,去对待别人。"

依据快乐法则,我归纳出以下12条相关信念:

> 种瓜得瓜,种豆得豆。
> 你在哪方面用心,就会在哪方面收获。
> 你想到什么,就吸引什么。
> 你关注什么,就会将什么吸引进你的生活。
> 你心中有什么,就会看到什么。
> 你发现什么,就得到什么。
> 你肯定什么,就得到什么。

第一个转念

你欣赏什么，就得到什么。

你希望别人怎样对你，你就要先那样对待别人。

你希望别人对你好，你就要先对别人好。

你给出什么，就可能会回来什么。

你怎么看他，就会怎么对他，你怎么对他，他就会怎么对你。

比如你参加一个会议发言，害怕自己紧张，心里就害怕，到时就容易紧张出错，你越关注"害怕、出错"，就越容易紧张出错；你如果关注怎样讲清楚几个要点，就会努力准备、分析归纳、细心斟酌发言材料，充分做好准备工作，就容易讲得更好。

有一位营销精英曾经和我分享，他经常拜访和服务一位潜在的目标经销商，但一直没有成交，后来，好多次他一人独处，在夜深人静的时候，他展开丰富的想象力，想象那个目标经销商已经拉第一车产品的场景，就像拍电影那样有各种细节，不久，那位目标经销商还真的就开始拉了他一车货。比起文字式的推理，大脑的潜意识更相信具体而鲜明的画面，在达到目标之前，必须相信目标会实现，最好能运用想象力"先看见目标完成"。

将快乐法则用在管理上，管理者信任员工，员工才可能有好的业绩；管理者若不信任员工，不愿意交付他太多工作，这名员工就会因为工作量少而变得懒散、难以有好的业绩。给出不信任，将得到不能被信赖的业绩和态度。

孔子说:"己所不欲勿施于人",我们可以换个说法"己所欲施于人!"自己希望快乐,所以希望你快乐,带给你快乐,下面这个故事你可能听说过:

> 宋代大文豪苏东坡与朋友佛印禅师打坐,他问佛印禅师:"你看我像什么?"佛印答:"一尊佛。"苏东坡说:"我看你却像牛粪。"佛印默然。后来,苏东坡得意洋洋地将此事说给小妹听,苏小妹却说:"佛由心生。佛印心中有佛,故所看之物皆佛;哥哥心中有粪,故所看之物皆粪。"苏东坡恍然大悟、羞愧不已。

佛印和苏东坡的两种回答显示了两种不同的心灵境界,佛印肯定苏东坡是佛,得到的不是苏东坡口中的"牛粪",得到的是自己给予自己的内心的宁静默然,即佛心。

另外,作为一般人而言,如果在沟通中感到别人不喜欢自己,原因很可能是自己不喜欢他。所以,初次拜访或者与谈判方见面前,要先了解一下对方,多关注对方的长处,甚至心里预设对方是好人,只要是诚心所念,人际关系的奇迹就可能发生。

要得到对方的认同和喜欢,首先自己要先认同、喜欢对方,但认同不是讨好,与其讨好对方,不如真诚地倾听并关心对方的需求,更能获得认同。

欣赏对方、关心对方并付诸行动,对方也才可能关心你、欣赏你。

第一个转念

最后，值得注意的是，应用快乐法则时不能走入误区，如"我对他那么好，他也必须对我好""我怎么对待她，她就该怎么对待我。"否则，可能走入沟通的僵局，原因很简单，我们无法改变他人，只能通过改变自己去影响他人和环境。

四 "要"活在当下

我们的身体语言会影响我们的潜意识。当我们身心一致时,我们的身体会更好地觉察到当下所发生的一切,会更好地感知周围环境和人们的微妙变化,进而保护自己、尊重他人、影响他人。

举个例子,1988年,我的家乡发大水,原来3米宽的小河变成几十米宽的洪流,我当时站在岸边好奇地观看远处壮观的洪水,偶然觉察到脚下不远处的河堤在崩溃,我迅速后退,就几秒钟的时间,自己原来站着的地方就崩塌到洪流中去了。现在回想起来,都有些后怕。感谢当时自己身体本能的觉察。

要做到身心一致,最好的途径是活在当下,活在当下需要专注和内心平静。例如,吃饭时就专心吃饭,睡觉时就专心睡觉,不要吃饭或睡觉时还想着其他事。

当年，我身为刚上任的总经理，与同一位客户两次不同的通话经历，让我深刻感受到身心一致在沟通中的重要。一次，我在办公室翘着两脚与客户通话，通话过程中尽管我努力与对方解释甚至妥协，最后却不欢而终；另一次我吸取教训，通话时正襟危坐，就好像客户坐在我的对面一样，同时面带笑容，我没有做任何妥协，但历时一小时的通话下来，对方从情绪激烈到最后平和理解。

活在当下的另一层意思是让我们利用好现有资源。比如打牌时不要总指望抓一手好牌来打，而是要把手中现有的牌打好。我们夜里开车准备到20公里外的目的地，车灯不可能照到20公里外的目的地，在行驶过程中，我们当下应该做到而且能做到的是集中精力，看清车灯所照射到眼前的200米内的路面，变道时不管后面是否有车，都养成开转向灯的习惯，如此就是活在当下了，当下的事做好了，自然可以安全到达20公里外的目的地。

这里引述网络上一则活在当下的故事：

一只新组装好的小钟被放在两只旧钟当中。两只旧钟"滴答""滴答"一分一秒地走着。其中一只旧钟对小钟说："来吧，你也该工作了。可是我真有点担心，一年你一定要走完三千二百万次，你吃得消吗？""天哪！三千二百万次。"小钟吃惊不已："要我做这么多的事，我怎能办到！""另一只旧钟说:"别听他胡说八道。不用害怕,你只要每秒滴答摆一下就行了。""天下哪有这样简单的事情?"小钟将信将疑,"如果这样,我就试试吧。"小钟很轻松地每秒钟"滴答"摆一下,不知不觉中,一年过去了,它平安地摆完了三千二百万次!

同样,对一个小学生来说,无法想象自己如何才能成为一名知识渊博的教授;对一个刚刚走出学校大门的学生来说,成为商贾名流、政界要人中的一员更是遥不可及。然而,教授也有童年,大多数成功人士也是从普通人开始的,那么,成功、幸福人生的秘诀到底是什么呢?原因固然很多,但他们都有一个共同之处,即活在当下,做好当下的事。

人生犹如一只时钟,心如钟摆。有些人总是摆荡在过去与未来两点之间,为过去已发生的事而懊恼、悔恨、耿耿于怀,为将来未知的事而胡思乱想、忧心忡忡,因此这些人总是活得很累。而有些人能专注当下这一秒钟,用心做好手边正在做的事。善待正在与你打交道的人,脚踏实地,一步一步地向前走,成功、幸福的人生便在时钟每秒的"滴答"声中延伸。

这里我引用中国现代著名美学家朱光潜的"三此原则":

此身应该做而且能够做的事,就由此身担当起,不推诿给旁人。

第一个转念

此时应该做并且能够做的事，就得在此时做，不拖延到将来。

此地应该做并且能够做的事，就得在此地做，不推诿到想象中的另一个地方或环境去做。

我认为"三此原则"是对活在当下的很好诠释。如果我们做到此身、此时、此地，就真正活在了当下，将每个当下连续起来，将成就美好的未来，当下引领未来。

当下所做的，是过往不咎；

当下所做的，是专注而无怨；

做好当下，未来无悔。

第二个转念
"能"

"能"是以自己能先做些什么为标准，来衡量自己是否是一位积极主动的人、有责任心的人。

"能"是衡量人们是否主动的标准。

"能"做到沟通时首先尊重他人，因为尊重是沟通的基础。

"能"让人做得更好的是责任心，人与动物的基本区别就是人肯为自己的行为负责。

辅导下属或孩子时"能"适当使用开放式提问，给出更多选择。

一 "能"自己先做些什么，再要求别人做什么

在国家层面，天下兴亡匹夫有责，美国前总统林肯曾告诫其内阁成员："不要想你的国家能给你带来什么，而要问你能为你的国家做什么？"

在组织层面，公司教育员工："先想你能为公司做什么，然后再想你能得到什么？"同样，工作中我们可以常常自问："我能为公司做些什么？""我还能为公司做些什么？"

在个人层面，先想自己能做什么，然后再要求别人做什么。

以此类推，在生活中我们时常想想，我能为父母做些什么？我能为爱人做些什么？我能为孩子做些什么？我能为朋友做些什么？我能为这件事的积极解决做些什么？我还能做哪些？这样，从自身开始寻找解决问题的资源，变被动为主动，自己先做到了

某些事之后，甚至有时都不需要再主动要求别人做些什么就可以达到效果，从而为自己打开一扇光明的窗户。

这里讲述一位企业家的创业史。

20世纪80年代初，一位初中毕业的郭姓小伙子向家人借了5000元做生意，失败后来到广州打工，帮同学的父亲卖水果。当时大家都是把水果放在地上卖，小郭发现大家蹲着选水果不方便，就想办法用两张凳子支起一个床板，将水果放在床板上卖，这样一来，顾客就可以站着选水果了。遇到顾客不小心拿到烂的水果他就主动帮忙挑出来，结果很多顾客光顾，水果摊的生意越来越好。一晃三年过去了，一天，一位老顾客一边挑水果一边问他："我观察你很久了，你很会做生意，想不想转行到我的服装档口帮忙？工资是你现在的四倍？"这样，他有机会到白马服装批发市场做服装生意。在新老板的档口，他又是第一个想办法将北京、上海、哈尔滨等地的顾客需求归类分档展示，结果引来很多客户光顾，生意很好，一做又是三年。后来，他发现服装城中有个档口要转卖，就找自己的老板借钱，在老板的资助下开了属于自己的服装批发档口，最后拥有了自己的服装公司。

自胜者强，自助者，天助也。只有不断地想到并且做到自己能做的，才能吸引他人，成功不是战胜别人而是改变自己，"花若盛开，蝴蝶自来，人若精彩，天自安排。"

工作中，曾经遇到过这样的事，我安排两位员工进行某个产品的全国市场调研。一位员工说："这项工作太复杂了，全国各地都有销售，有几十种不同的产品，这个调研一时半会儿做不了。"另一位员工说："这个产品的市场销售状况相当复杂，这个月我能否从我最熟悉的广东市场开始调研，逐步推进？"如果身为其领导，你觉得哪一位员工会更主动呢？

从点滴做起，追求完善。天下大事，必作于细。天下难事，必作于易。在人生的舞台上，不论你扮演什么角色，必须以主角的心态去工作、去生活，才可能不断地成长进步。

将转念"能"运用到个人，指凡事向自身内求，调整自己的念头、思想、心态与行为，从自己身上找问题、找原因、找方法、找已经拥有的资源和能力，同时关注这些资源和能力在促进解决问题上起到什么作用。

具体而言，将转念"能"运用到企业员工之间的沟通或者企业部门之间的沟通，就是每位员工先说自己的问题，找出自身的原因；先谈自己的改善措施与解决办法，然后再提及别人的问题；每个部门先讲自己部门的问题，找出自己部门的原因，先谈自身部门的措施办法，然后再讲述其他部门的问题。下面举几个例子。

【例1】刘伯承青年时在参加讨伐袁世凯的战斗中，身为排长的他冲锋在前，但其他排的士兵没有主动跟上，战斗失利后他被连长训斥："你拼命打，把老子的老本打光了，小心老子收拾你！"被连长骂后，刘伯承并没有抱怨消沉，而是主动找到同在一个连队的同学康排长，说服康排长，两个排的人员团结一致，终于打了大胜仗。

【例2】古代有"乐妻劝婆"的故事，儿媳通过反省自己先能做什么才能使母亲不再犯错误而感化了母亲。

乐羊子外出求学，7年未归，婆媳相依为命，家徒四壁。一日，村里丢了一只鸡，乐羊子的妻子看到婆婆在偷偷杀鸡，乐妻反复想，该怎么劝说老人呢？当婆婆端来香喷喷的鸡上桌时，她却不动筷子。婆婆问及，她伤心地说："媳妇无能，没能伺候好婆婆，使得饭桌上有了不是自家的鸡。"

【例3】生活中，有位朋友遇到过这样的事，朋友家住在6楼，一个周五的晚间，楼下下水道堵住了，朋友家一开洗手盆的水龙头，楼下的排水口就会溢出水来，所以，在楼下疏通下水道的2天时间里，朋友家不能使用洗手盆的水龙头，但开始的一个上午，孩子们总是忘记，往往顺手打开水龙头，洗手后才发现水已经流下去了。开始他责怪孩子，发现没有太大的作用，孩子们确实不是故意的，只是出于多年在那里洗手的习惯顺手打开水龙头,朋友想,如果不能好好提醒大家,过一会儿爱人和老人也有可能出于习惯而打开水龙头的,到时还要责怪她们吗?自己是否能先找到一种方法,让大家看到水龙头就停止使用呢?朋友在苦苦思索中灵机一动,找来几个塑料袋把整个水龙头和水龙头开关都严严地包裹了起来,这样一来,孩子们再也不会"犯错误"了。

在朋友暂停使用水龙头的故事中,朋友就是能自己先做到让人看到水龙头有明显的标识,甚至在打开水龙头前要比平常多做一个解开塑料袋的动作,明显到位地警示了家人,然后再要求家人不打开水龙头,这样就彻底地解决了这个问题。

同样,做父母的可能大都会觉得孩子的房屋凌乱,如果父母能以身作则保持自己卧室的整洁,如果父母能给孩子提供足够的收纳柜、衣柜、书柜、晾衣架、床头挂衣架等,然后再要求孩子整理房间,我相信孩子们整理起来就顺利多了。

无论是作为亲人还是作为管理者,如果事情不顺利,我们在要求别人前,是否可以想想"能自己先做些什么",通过自己的前置动作让别人更有效地做事、让事情良性发展。

在埋怨别人前,先问自己:"我要求别人做到的,我也能百分百做得到、做得好吗?"这样,可能你的怨气和怒火会减少一半,不妨试试。

下面我举一些转念"能"的例句,用表格做对比,左侧是消极表达,消极表达往往引导人的思维走向死胡同,关闭了解决问题的可能性;右侧是主动表达,主动表达引导思维为解决问题预留了一扇门或者多扇门,请细心的读者感受一下:

消极表达与主动表达的词语对比:

消极表达	主动表达(转念能)
我没有钱。	我怎样做,可以找到钱?
我没有时间。	我怎样做,可以找到时间?
这件事让我很心烦	此前是否有类似的情况发生但未影响我的心情?(寻找过往的成功经验)想想该从哪里下手解决?
我不能那样做	我可以这样做,今天,我还能做些什么?让世界因我而美好?
你不能那样做	你可以这样做

把关注点放在自己能控制的事情上,就是活在当下。万维钢在2017年出版的新书《高手:精英的见识和我们的时代》中描述了这样一个例子:一次,一位老外坐地铁,被小偷偷了钱包,钱包里有现金、身份证、信用卡。补办各种证件费时费力,非常麻烦,想想都让人头疼,一般人遇到这种事情都是非常恼火,痛恨小偷并责备自己没有把钱包看好,心情会很不好,可是这位丢钱包的老外不这么想,他想"小偷把钱包偷走这件事。是我不能控制的,那我只能接受,我能控制什么呢?我可以选择好好度过这

第二个转念

一天。"结果，他按原计划和约好的家人和朋友一起愉快地聚餐看演出，什么事也没耽误。这个故事告诉我们，生活中应该区分自己能控制和不能控制的事情，接受那些不能控制的，把注意力集中在能控制的事情上，并且要有勇气去控制，能做到这一点，我们遇事就能顺其自然、处变不惊、从容大度了。

二 "能"
做到沟通时先尊重他人

每个人都在他所认知的世界里对外界的事物做出反应。由于经历、环境和认知的差异，不同的人会有不同的习惯和观念，但是，每个人都希望受到尊重，如果彼此尊重，那么所有的问题都不是问题，尊重是待人的基础，尊重是沟通的基础。

良好的沟通需要认真倾听，认真倾听是不能随意打断对方的，这是沟通中给对方最基本的尊重。

第二个转念

NLP[①]（神经语言程式学）认为，沟通的目的不是为了控制和说服对方，而是为了得到对方的回应，我们所得到的回应就是我们沟通的意义。沟通，是把选择权交给对方，是为了寻找更多的正向解决问题的共赢方案，说服对方只是解决问题的方法之一。在沟通过程中要自始至终牢记沟通的目的，觉察对方的回应，就不容易感情用事。

某家庭自驾游，途中走错了路，绕行了40公里，妻子从发现走错路后就不断责怪丈夫，丈夫越听越烦躁，开车速度越来越快，最后造成重大交通事故。

假如在这个过程中，妻子能体谅老公，说些宽慰的话或者一起下车先休息下，调整好状态再前行，他们就会享受到一个美好的假期。一家人出去旅游，目的是享受幸福生活，途中的波折都是些小插曲而已，本末倒置，结果就大不一样。

生活中，这样的例子每天都在发生。

有位丈夫给妻子打电话说发生车祸了，妻子上来就问车怎么样了，结果引起了丈夫的不快。

[①] NLP是神经（neuro）、语言（linguistic）、程式（programming）的首字母的缩写。学术名称神经语言程式学，是一门非常生动、积极、实用的心理学，是关于如何活出更好的学问，被誉为大脑使用手册和复制卓越的学问。其创始人是美国加州大学理查德·班德勒和约翰·格林德。20世纪70年代，他们共同研究了美国心理治疗领域的三位宗师：完型疗法的弗里茨·波尔斯、家庭治疗的萨提亚、催眠治疗的米尔顿，将三位宗师的语言、行为及思想模式进行分析和解码，并由此编辑成一套可操作的技巧，用于改变人类经验行为有显著效果，对个人提升大有益处。

孔子于危急中仍能体现出对人性的尊重，一天，孔子退朝后得知他的马厩被烧了，虽然马匹在古代是很贵重的财产，但孔子只问了一句："是否伤到人了？"没有问马匹怎么样。

某日黄昏，母亲带孩子散步到一家庭院，孩子伸手想去摘花，这时，庭院的女主人走出来，蹲下身子问孩子："小朋友，喜欢花是吗？再过一个月，花就可以结种子了，到时你再来，我给你些花的种子。"孩子高兴地点点头，愉快地回家了。

几个孩子在朋友家里追来追去，把一个花瓶打碎了，假如你是那位女主人，你会怎么办？

饭局中，服务生不小心将汤洒了客人一身，假如你是客人，你会怎么办？

第二个转念

三 "能"
让人做得更好的是责任心

心理学家萨提亚认为，人有三度出生，第一次出生是在母亲体内精子与卵子结合的瞬间，第二次出生是婴儿从母体里来到世界的瞬间，第三次出生是指人作为人类肯为自己的行为负起责任那一刻起，第三次出生使人与动物产生了根本区别。

责任心通过认真和用心做事的细节体现。工作中，高管看事业心，中层干部看上进心，基层员工看责任心，中层和高层都是由基层成长起来的。请看下面的例子：

20世纪80年代初，一位初中毕业生到建筑工地挑灰浆桶，挑了1个月便被队长挑去看仓库了，很多老工人都不满。挑灰浆桶的工作最累、工资最低，许多人干了几年仍在挑灰浆桶，凭什么一个小孩子才来1个月就让他去干轻松活？

队长拎起小孩子使用过的两只灰浆桶说："你们挑灰浆，他也挑灰浆，但你们是挑一路，灰浆洒一路，而他的灰浆从来没洒出一点；你们的灰浆桶从来不清洗、泥糊糊的，而他的灰浆桶却总是干干净净的。"

小孩子在仓库里干了两个月，队长又调他去当施工员，工地里闹翻了天。施工是由有学识、懂技术的人干的，一位初中生哪里能够胜任！就连小孩子本人也讲："队长，我没有技术和文化，我干不了。"

队长不置可否，只是召集所有人到仓库参观，带大家在仓库里走了一圈，说："我与仓库打了十几年的交道，以往所见的工地仓库一概是灰尘遍地，各种工具横七竖八。但现在你们瞧瞧，谁能有他看管仓库这样干干净净的地面？谁能让混乱的工具摆放得井井有条？"

没有技术可以学、没有文化可以努力，一个能把挑灰浆桶、看仓库工作做得如此出色的人，可见他有很强的责任心，这份责任心能使他承担更加艰巨的任务……

责任心就如树的根系。一棵树的树根埋在泥土下面我们看不到，人的责任心隐藏在人的内心深处我们看不到，但有经验的人能感受到。干旱的草原上，一场狂风暴雨之后，根系深而密的树吸收水分（营养）多，生命力顽强；根系浅而疏的树吸收水分少，生命力弱（图2-1），甚至可能在狂风暴雨中倒下。人也一样，责任心强的人就像根系深而密的树吸收水分较多一样，会把外界的压力转换为个人成长的动力，个人的成长也快。缺乏责任心的人遇到压力，往往会力从旁落，不能转换为成长的动力，甚至产生抱怨和仇恨的情绪。机会留给有准备的人，而有准备的人往往就是有责任心的人。

图2-1

四 "能"
用开放式提问,给出更多选项

开放式提问是相对"封闭式提问"而言的。

采用封闭式提问时,提问者带有事先预设的立场和答案,回答者一般只有"是"或者"不是"两种选择,比如你问别人:"你想吃苹果吗?"回答者一般只有"吃"或者"不吃"两种回答。

采用开放式提问时,提问者没有事先预设的立场或答案,可以引领回答者的思维方向做出更多选择,比如你问别人:"你想吃什么水果?"回答者的答案可以有很多种选择。

第二个转念

封闭式提问	开放式提问
1. 你要不要喝杯茶?	1. 你想喝点什么?
2. 你喜欢这件衣服吗?	2. 你喜欢什么样的衣服?
3. 你毕业于哪家大学?	3. 你受的教育情况是怎样的呢?
4. 你在哪家公司工作过吗?	4. 你的工作经历是怎样的呢?

在恰当的场合，当我们的时间充裕时，多使用开放式提问，可挖掘对方的潜能，使沟通更积极、清晰、有效。

NLP坚信"凡事一定有三个选择。"每一个选择就是一种解决问题的可能方案，一个选择等于没有选择，两个选择左右为难，三个选择才是选择的开始。

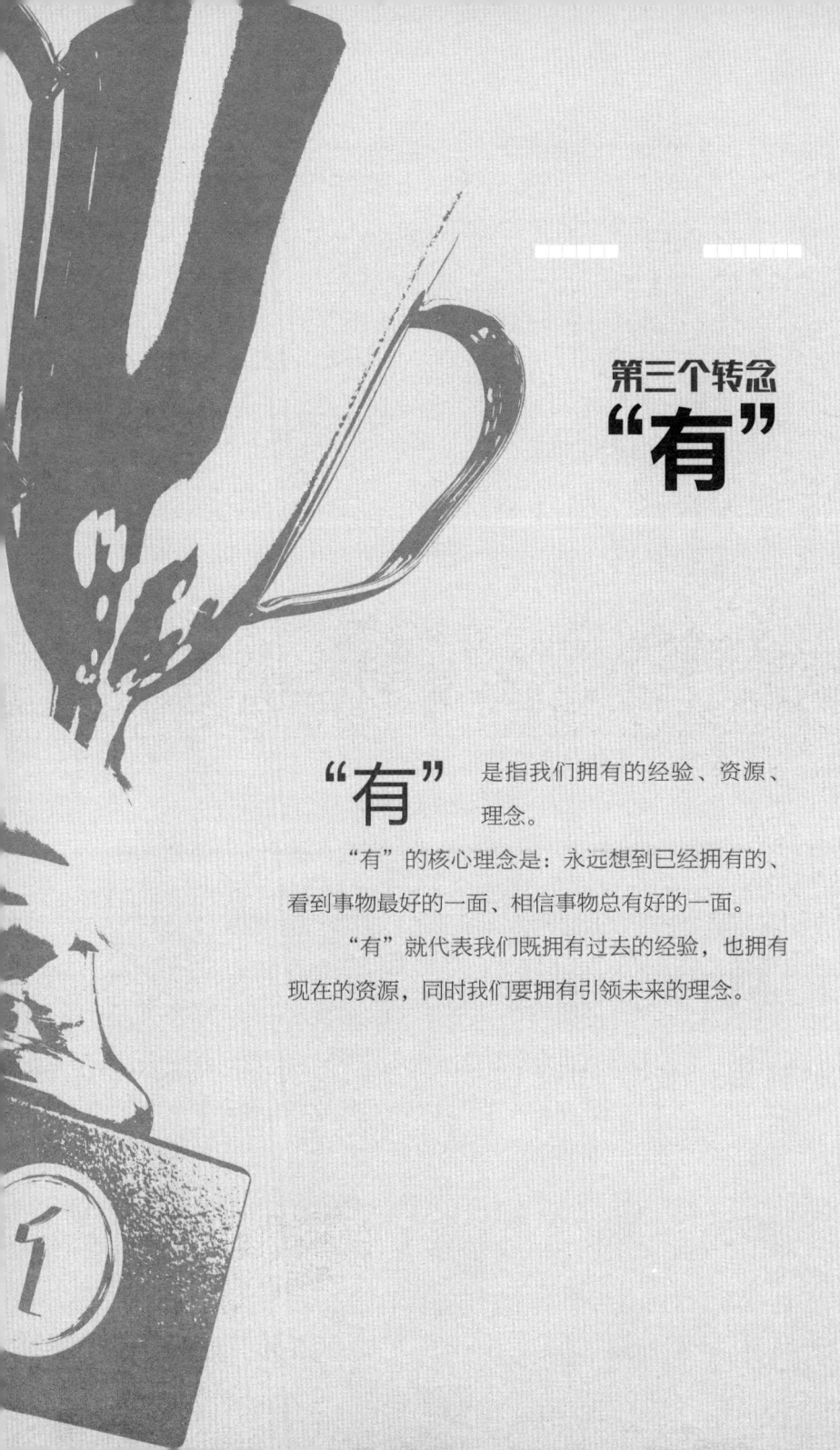

第三个转念
"有"

"有" 是指我们拥有的经验、资源、理念。

"有"的核心理念是：永远想到已经拥有的、看到事物最好的一面、相信事物总有好的一面。

"有"就代表我们既拥有过去的经验，也拥有现在的资源，同时我们要拥有引领未来的理念。

一 拥"有"过去的经验

每个人都拥有很多经验,这包含经历、阅历、体验、教训,经验是向过去学习,只有内化于心中才可能成为经验。

最珍贵的不是得不到的或者已失去的,而是已经拥有的。已经拥有的,就是我们的经验和财富,而这往往是易被我们忽略的。

下面讲一个转化失败为成功经验的故事:

> 发明大王爱迪生在研究电灯灯丝的过程中,尝试了一千种材料做灯丝都失败了,他的助手灰心了,而爱迪生却乐观地说:"至少我们知道了这一千种材料不能用于做灯丝。"面对失败,爱迪生想到的是已经

拥有了一千种材料不能做灯丝使用的宝贵经验，以后就不会再重走这一千次失败之路，从这个角度来看，这一千次失败确实是巨大的经验财富。

这个故事说明：没有绝对的失败，只有成功的经验反馈；没有绝对的错误，只有从错误中学习的经验。

二 拥"有"现在的资源

　　每个人都拥有资源，没有缺乏资源的个人，只有个人处于缺乏资源的某一时点状态，资源不一定是金钱，资源更多的是指社会环境、人际关系、时间、自身素养等，将读书或向周围人学习的经验心得通过日志等内化于心中，是自己最大的资源，世界不缺乏资源，只缺乏发现资源的眼睛。

　　例如，战争中，一位战士失去了一条腿，退伍后和亲人一起生活，亲朋好友发现他比入伍前还乐观坚强。他没有去抱怨失去一条腿，没有去祈祷再长出一条腿，而是积极地在想独腿之后如何生活。他说："很多战友连生命都失去了，而我庆幸只失去了一条腿,我比他们幸运。我为我只失去一条腿而感恩,也接纳失去一条腿的事实。不管得失如何,总要让自己的生命继续充满光彩,不再为过去抱怨。"不巧,后来在一次车祸中他又失去了另外一条腿,两条腿都没有了,他坐着轮椅依然乐观坚强。面对他人的疑虑,他回答:"如果四肢健全的人一生中能做好一万件事情,现在我还有一双手和一部轮椅,我至少还可以做好五千件事情,我只要做好这五千件事情就不枉此生……"

这位小伙子的资源是什么呢?是一双手和一部轮椅!是还可以做好五千件事情!是他想到还可以做好五千件事的思维!

仁者无忧,智者不惑,并不是因为所爱的一切他们都拥有了,而是因为所拥有的一切他们都珍惜。

在工作中,作为员工,可以拥有很多资源,同事、客户、师长、朋友、上级、陌生人、培训机会都可以成为你的资源,但是,你拥有的最大的资源是你自己,即你自己的空暇时间、你的自我学习能力、你脚踏实地的工作作风。你若能在工作和空暇时间里不断提升自己的业务能力、转换思维方式,别人看到你的能力和敬业精神,资源就会逐渐倾向你。

作为管理者,你拥有的资源将更多,你会在以下方面拥有比员工更多的资源:信息、财务、人力、激励、奖惩、授权、目标设定、标准设定、计划、组织、指令、辅导、控制、考核、协

第三个转念

调、召集、培训、外联学习等。管理者要时常盘点自己是否善用了这些资源，要将这些资源分配在有益于企业发展的方向上。

人生短暂，大多数人生命不过几十年，也许有些人的生命只剩下十几年、几年甚至几个月了，但我们可以在所拥有的时间里装满快乐，很多人离开世界时痛苦，是因为平时不珍惜拥有的时间和生命，没有善待家人，不珍惜当下，只有活在当下，才能察觉到自己拥有的一切，当下即过去，当下即未来，察觉每个当下的富足和意义便可活在每个当下，当我们要离开这个世界时便不会太痛苦。

下面的故事你或许听过：

> 有个女孩跟妈妈大吵了一架，气得夺门而出，决定再也不要回到这个讨厌的家了！她在外面闲逛了一整天，肚子饿得咕噜咕噜叫，但偏偏身上又没带零用钱，可又拉不下脸回家吃饭。一直到晚上，她来到一家面摊旁，闻到阵阵的香味，真的好想吃一碗，但身上又没钱，只能不住地吞口水。
>
> 忽然，老板亲切地问："小姐，你要不要吃面啊？"她不好意思地回答："嗯，可是……我没有带钱……"老板听了大笑："哈哈，没关系，今天就算老板请客吧！"
>
> 女孩简直不敢相信自己的耳朵，她坐下来，不一会儿，面来了，她吃得津津有味，并说："老板，你

人真好！"

老板说："哦？怎么说？"女孩接着回答："我们素不相识，你却对我这么好，不像我妈，根本不了解我的需要和想法，真气人！"

老板又笑了："哈，小姐，我才不过给你一碗面而已，你就这么感激我，那你妈妈帮你煮了二十几年的饭，你不是更应该感激她吗？"

被老板这么一讲，女孩顿时有如大梦初醒，眼泪夺眶而出！顾不得还剩下半碗面，立刻飞奔回家。

才回到家门前的巷口，就远远看到妈妈焦急得在门口四处张望，她的心立刻揪在一起！有一千句、一万句的对不起想对妈妈说，但还没来得及开口，只见妈妈已迎了上来："哎呦！你一整天跑去哪里了？吓死我了！来，进来把手洗一洗，吃晚饭了。"

这天晚上，女孩才深刻体会到妈妈对她的爱。

很多时候，我们对外人比对家人更体贴，朋友关怀你，你心存感激，但一回到家，同样关心的话就变成"管得太多"，为你做得最多的人你往往熟视无睹。

第三个转念

三、拥"有"引领未来的理念

与经验和资源相比,理念更重要,一个国家或者一个人的落后,首先一定是理念的落后,人类拥有既成体系的科技、历史、人文理念,只有承前启后、继往开来,才能与时俱进,引领未来。

●理念一:做人知足,做事知不足。

做人知足,是指在求上进、消费、赚钱等过程中保持一个度。求上进的过程中做到"无友不如己者,过则勿惮改。"即做人要诚实、守信,不要与不重视忠信的人交朋友,有过错不害怕改正;提升自己生活品质的同时不损害他人、不损害环境、不浪费资源;赚钱取之有道,得之有度,赚钱不是人生的目的,不要成为金钱的奴隶。

　　做事知不足,是指在生活和工作中遇到事情要尽心尽力而为,不要自我限制、吓唬自己。有些人事情还没有做就觉得不行,先从心理担忧甚至排斥,这样一来,往往有能力也做不到。要知道,我们每个人都拥有巨大的潜能。

　　做事知不足,还指做成一件事后,不要自满,随时保持学习的上进心。智者千虑,必有一失,很少有事情可以做到十全十美。

　　我曾在福建省漳州工作过一段时间,当我看到街边小巷的档主与居民们怡然自得地慢慢品尝着功夫茶,我觉得他们喝的不是茶,喝的是心态,功夫茶体现了闽南人做人知足的一面,而闽南歌曲"爱拼才会赢"恰恰体现了闽南人做事知不足的拼命精神。

　　"你所没有的东西,不要想入非非,梦想着已经得到了。要从你已经拥有的东西里挑出那最好的。想想看,这些东西倘若你现在不是已经拥有了,你该多么渴望啊。同时,你也要注意不要让自己养成沾沾自喜的毛病,如果你因为拥有它们而感到过于高兴,将来失去的时候也就会更加痛苦。"

● 理念二:永远想到已经拥有的;能看到事物最好的一面;能相信事物总有好的一面。

　　理念是最好的资源,理念就是财富,把好的理念内化于心,养成一种思维习惯,这是千金不换的珍宝。

第三个转念

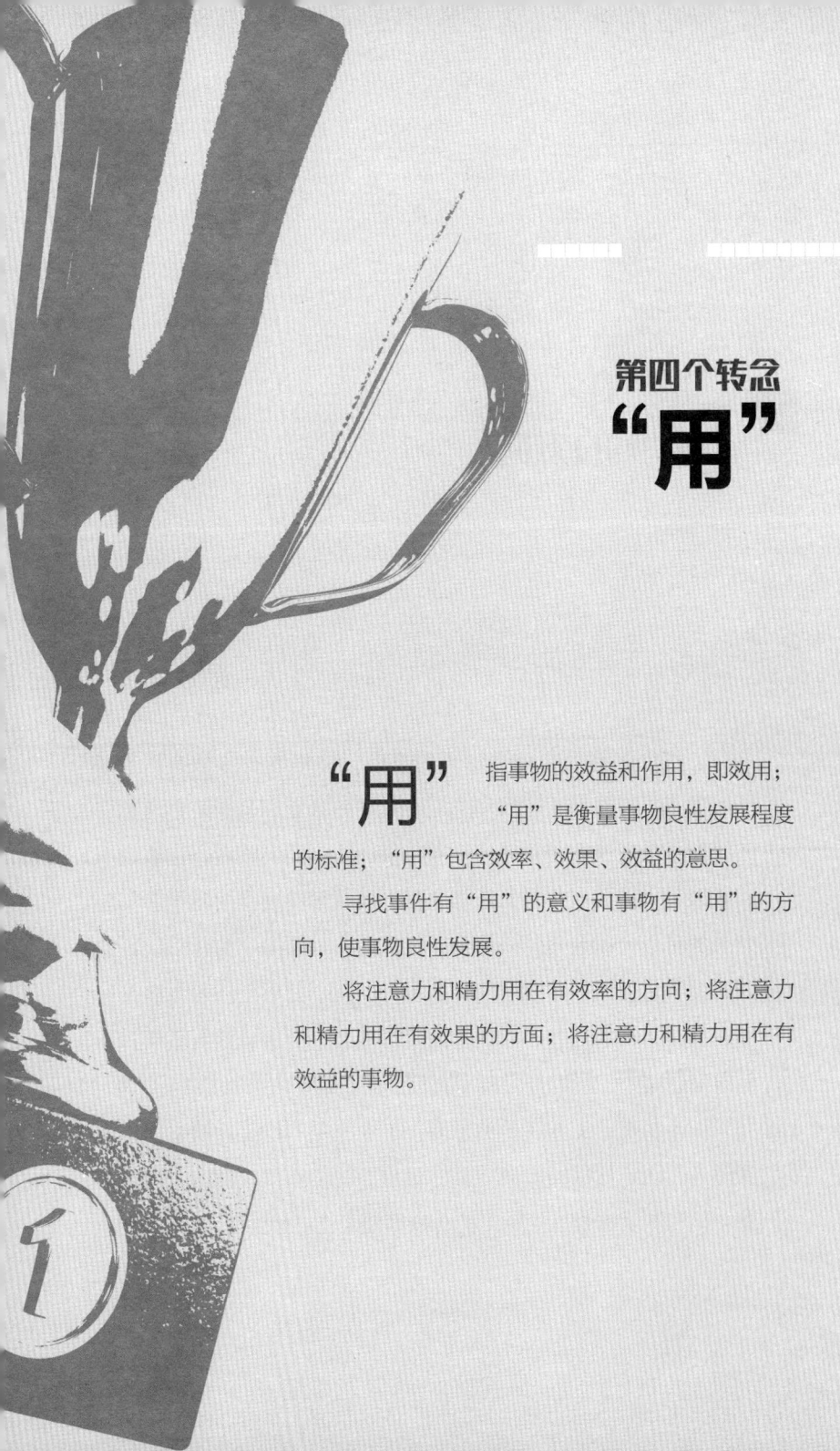

第四个转念 "用"

"用"指事物的效益和作用,即效用;"用"是衡量事物良性发展程度的标准;"用"包含效率、效果、效益的意思。

寻找事件有"用"的意义和事物有"用"的方向,使事物良性发展。

将注意力和精力用在有效率的方向;将注意力和精力用在有效果的方面;将注意力和精力用在有效益的事物。

二 "用"在有效率的方向

工作中,有效果比有道理更重要,僵化地坚持原则而忽略了解决问题将降低工作效率,没有效率的公正和公平是不可能持久的,成功者往往是讲效率、重效果的人,是实践者,注重效率和效果的人把焦点放在当下和未来,尝试解决现实的问题和实现未来的目标,讲死理的人把焦点放在过去,常问"为什么",常常纠缠于过去的问题或者演绎推测的问题。如果把注意力放在过去、放在出错的地方、放在非正确的地方,会造成挫折循环,不但把问题放大,同时也阻碍了我们解决问题。

作为员工,工作评价的重要标准之一是工作要有效率;作为管理者,确定好战略方向之后,最重要的工作就是带出团队的企业文化和制度流程,让员工能有效率地工作。

效率这个词似乎不太适合用在生活上。但实际上，生活同样要讲效率，孝敬父母要及时，古人言"树欲静而风不止，子欲养而亲不待。"另外，作为孩子的父母也是有"有效期"的，有些职场人士陪伴家人的时间太少，实际上对孩子最好的关爱就是陪伴，在孩子10岁以前，家长陪伴得越少，孩子越容易在12~15岁之间出现叛逆期。一位长者曾告诉我，如果你陪家人的时间太少，就要在孩子10岁之前，在有限的时间里陪孩子做孩子最喜欢的、最能有快乐回忆的活动，我听了老人家的话，很快就带了全家人到迪士尼乐园玩了两天。

二 "用"在有效果的方面

每个人都有聚精会神地做某件事的状态,关键是你将这种状态用于哪些方面。成功者往往把这种状态持续性地用于与事业有关的事情上或者与家庭有关的事情上,以终为始,关注效果,这里的"终"是指目标、目的。"终"是指事业的成功或家庭的幸福,这里的"效果"是指有益于事业的成功或者家庭的幸福。

我们每个人都有天才的状态,一个人的天才状态就是在一定时间内集中精力去做一件事情,其他无关的事情都被忽略了。

例如,大家都听说过英国科学家牛顿的轶事吧。

有一天,牛顿在做科学实验的时候,饥肠辘辘,想煮个鸡蛋来充饥,因为在煮鸡蛋时他还思考着实验,随手就把自己的手表当做鸡蛋放进了锅里,于是若干时辰后,当他掀开锅盖,看到水中煮的竟然是他的手表。又有一次，牛顿的朋友来访，恰好该吃午饭了，仆人将午餐端给牛顿，朋友看牛顿一直专心于试验，就将其午餐吃了，后来，朋友走后，牛顿做完实验，觉着肚子饿，想吃点东西，看见旁边空空的盘子，自言自语"原来我吃过了。"然后又去工作了。

苹果公司前CEO乔布斯就有这个特点，他会在一段时间对某件事特别专注，比如，他和女友拥抱接吻时，不管周围有没有人；他在专心工作时，女友来找他，他又全然不理；他专注于想做的事时，对其他事就没有什么反应了，全然不管其他人多么努力地想让他参与到其他事情中去。

这些天才之所以成为天才，恰恰是他们做事时能聚焦、能专注，不受其他干扰，他们在一定时间内集中所有精力、集中所有资源专注地做一件事情，结果就出现了不寻常的效果。这样专注的例子还很多，聚焦也是专注的一种形式。大家还记得奥运会的火种是如何采集的吧？奥运火种采集器主要是一个半圆形凹面镜，在正午的阳光下，几分钟后，凹面镜聚焦的光束就会点燃火种，火苗就会燃起来；在斯大林格勒保卫战中，苏军朱可夫元帅把几千门大炮纵向排列，集中火力，炸开了德军防线的一个口，然后坦克开过去，成功突击；在抗日战争和解放战争期间，人民军队作战的主要原则之一是集中数倍于敌的优势兵力打歼灭战；在饲料行业，秉承"一寸宽、一公里深"的聚焦原则，山东六和集团曾经提出每个饲料子公司周围30公里范围内无死角地全覆盖服务营销，从而一度奠定了在山东饲料行业霸主的地位；在武术

第四个转念

界，人们往往不怕会一万种腿法的人，而只怕把一种腿法练一万遍的人。如此例子不胜枚举，细心的读者请举一反三，思考下自己或许该更加专注地做些什么。

生活中，你肯定遇到过这样一些人，他们自己驾车时不会晕车，但是他们坐车却往往会晕车，为什么呢？这是因为驾驶过程中，需要注意力高度集中，所有的意念和行为均要专注地配合"驾驶"，当个体身心的注意力专注于驾驶的事情上，似乎也就"无暇"晕车了，这是个体身心被动专注的例子。

这里我需要说明一下，转念"用"与阿Q精神是有本质区别的。

阿Q精神是一种逃避现实、躲避问题的心理安慰方式，阿Q精神不能直面现实，不利于解决问题。在现实生活中，有的人在外边受了气，回家拿孩子或老婆出气；有些人求爱被拒绝，可能会说："她还配不上我呢！"借此暂缓情绪。这些看上去好像是无奈、自嘲、自慰的思维和行为，实质上是心理平衡的需要，通过这样的想法、行为可以暂时转移注意力，缓解当事人一些心理冲突和压力，在一定程度上有利于当事人的身心健康，但是问题还在那里，并没有真正解决。

关注效果，让当事人正视发生的事实，以终为始，致力于解决问题，引领当事人站在更高、更广、更深的角度看问题，促进事物良性发展，而不是倒退或者停滞不前。

下面，我们来对比一下阿Q精神与关注效果的区别，细细品味，你会发现大不一样。

阿Q精神	关注效果
1. 这不怨我，这岛上的人不穿鞋，是他们不想穿鞋（推销鞋子的故事）	1. 真好，这岛上没人穿鞋，市场太大了！（看到机会，将机会转化为效果）
2. 被别人打了后自我安慰：我被儿子打了，儿子居然打老子！	2. 软弱会挨打，我要自强不息！（注：自强不息是效果）
3. 被领导批评后自我安慰：这个领导真蠢，像个猪！	3. 领导不看好我，我一定要做好给他看！（注：做好就是效果）
4. 我是来学武术的，让我拿个棍站1小时算什么？（李小龙拜师叶问的一个片段）	4. 考我基本功，那我现在就开始手拿2条棍，马步站2小时。
5. 吃不到这串葡萄，这串葡萄是酸的！（狐狸吃葡萄）	5. 我要想办法吃到这串葡萄！

第四个转念

三 "用"在有效益的事物

有时我们感到事情进展不顺，缺乏对策或力量，是因为我们把注意力放在了自己没有办法控制的事情上面，放在了无效益的事物上面。比如营销人员去拜访客户，不论带了多少种产品，只要觉察到有一、两种是客户感兴趣的，那就应该重点谈这一、两种产品，才可能事半功倍。

一位民企销售总监和我分享过这样一段经历：他们新代理一家外企的产品，由于时间和技术标准的原因，外企的很多产品进口审批时间滞后，无法按计划在国内进行销售，但外企方面要求中方履行合同，实现当年度的代理产品目标销售额，谈判一时陷入了僵局，此时，外企的销售总监首先重复了中方的立场："你们是说A、B、C这三种产品没有办好手续不可以销售是吗？只有

D这一个产品可以销售?"得到确认后,他接着说:"先不谈不能销售的ABC,我们来确认一下你们说可以销售的这个D产品一年可以销售多少?"这样一来,双方就把注意力聚焦于可以产生效益的事物上了,僵局被打开了,谈判得以继续。

生活中,我也遇到一个典型的案例。

小孩子常常在晚上不容易入睡,有一天晚上,我爱人催促两孩子睡觉,女儿一边收拾床铺一边叨:"我睡不着、我睡不着……"儿子受影响,也说睡不着,但随后他坐到一边,飞快地在一张白纸上写下一串串:"我要睡觉、我要睡觉、我一定要睡觉、我一定会睡着……"写完,就上床了,结果,那天晚上,儿子比女儿入睡更快。

都说孩子个个是天才,当时我拿着儿子写满字迹的纸,又吃惊又感慨:这么小就会自我催眠了!这么小就知道把焦点放到有效用的地方去!儿子已经无意识地将有效用的意念传递给了自己的潜意识。

● **不重要、不紧急的事就是缺乏效益的事**

每个人的时间和精力都是有限的,每个人一天中甚至一生中能做好的事也是有限的,有句话说得好"时间就像一张网,你撒在哪里,收获就在哪里。"

我们应当怎样才能最有效地使用自己的时间呢?可以用四种分类法。依据每件事情的重要性和紧急程度把工作分为四种,依次是重要而紧急的事、重要不紧急的事、不重要而紧急的事、不重要不紧急的事,人们应当首先把时间精力放在处理"重要而紧急"的事务上,防微杜渐,未雨绸缪,这样一来,你收获的就是从容、淡定和高效益,人们应当用最少的时间处理"不重要不紧急"的事物,否则,收获的就是忙碌而无效率的一天,见图4-1。

	不紧急	紧急	
	第2种:重要而不紧急的准备工作; 提升能力和人脉; 产生重大效益事; 价值观的澄清	第1种:重要且紧急的紧急情况; 迫切问题; 限期完成的会议或工作	重要
	第4种:不重要不紧急的造成干扰的访问、电话; 广告函件、某些会议报告; 符合别人期望的事	第3种:不重要但紧急的处理文件; 琐碎的事; 电话	不重要

图4-1

● **没有废物,只有没有用对的人**

将"用在有效益的事物"这一原则引申应用在用人方面,就是用人之长、容人之短、充分发挥每一个人的优势,而尽量避免其劣势。

清朝红顶商人胡雪岩独有一套用人之道。胡雪岩身边有些人,在别人眼中是"败家子",但他们在胡的手下,都成为具有特殊作用的不可多得的人才。

一位整天混迹于赌场的"混混",胡雪岩却看到了他的长处：一是这小伙子灵活，与人结交从不露怯，打得开场面；二是这小伙子不吃里扒外，不出卖朋友；三是这小伙子说话算数，有血性。胡雪岩将他带在身边，培养成了为自己跑江湖的得力助手。

关注每个人的长处，每个人都将是有用之人，企业管理也一样，管理者的必备素质之一是欣赏同伴。能欣赏员工的长处，才能用其之所长，人才越聚越多；相反，若总是看到员工的短处，则无可用之人，人才越来越少。团队是由拥有不同技能的人组成，管理者要允许"歪瓜裂枣"的存在。

没有一无是处的人，只有放错位置的员工。作为员工，要有清晰的个人定位。作为管理者，要能包容员工的缺点和不足，有胸怀才会有足够的智慧去关注员工的长处，但包容并不是无原则的，有两种错误不能被企业包容，一是触犯法律的，二是损害企业利益或企业文化与价值观的，这两种错误，无论大小，都不能被包容。

大家可能听说过这个发挥自己的优势而成功的励志故事。

> 有个女孩，没有考上大学，被安排在村里当小学教师，由于讲不清数学题，不到一周便被赶下讲台。母亲为她擦了擦泪说，"满肚子的东西，有的人倒得出来，有的人倒不出来，没必要伤心，也许有更合适的事情等着你去做。"
>
> 后来女孩外出打工，先后做过裁剪、纺织工、市场销售、会计，都半途而废。每次女儿沮丧时，母亲

总是安慰她，从没有抱怨。

　　三十岁时，女儿凭借一点语言天赋，做了聋哑学校的辅导员，后来，又开办了残障学校和残障人员用品连锁店，成为拥有千万资产的人。这时，母亲已经年迈，获得了成功的女儿不解，凑到母亲面前，想知道那个答案——就是当自己连连失败、觉得前途渺茫时，什么原因让母亲对自己那么有信心呢？母亲是这么回答的："一块地不适合种玉米，可以尝试种豆子；豆子长不好的话，可以尝试种瓜果；瓜果也长不好的话，撒上些荞麦种子或许也能开花。一块地，总有一粒种子适合在它这里生长。一个人，总有一份事情适合他做。"

多么朴素的道理！女孩的奇迹，就是这粒种子寻找适合自己的土壤而成长为她自己的过程。

还有一个真实的故事，生于20世纪70年代的舟舟，在医学上被认为是不可逆转的先天愚型患者，但父母却把他培养成天才音乐指挥家，能够在舞台上挥舞着指挥棒，与交响乐完美地配合，为观众们演奏一曲又一曲高难度的交响乐。

● **没有废物，只有放错地方的财富**
　　某上市公司的副总裁和我讲了一个创业过程中变废为宝的

故事：2001年，他们发现广州某公司的液体废弃物中含有一定的可利用成分，但该液体如果排放到环境中将会面临巨额罚款，他们与该公司共同摸索试验后，通过生物发酵技术，将这种液体废弃物转变成了无公害的液体肥料，双方都取得了很好的效益。工作中，如果你拓展自己和团队的视野与知识面，关注物质的应用边界，关注边缘学科、关注交叉学科，你将会化腐朽为神奇，为自己创造财富、为社会增添效益。

第五个转念
"好"

"好"能够引领事物向好的方向发展，因此，我们在事物不受自己控制的情况下，应预设事情有好的结果。相信人和事物总有好的一面。首先预设事情有"好"的结果，其次预设人的动机是好的，还有预设对方是好人。

一、预设事情有"好"的结果

相信事物会向好的方向发展,相信任何人和事物都有好的一面,好的一面是指有用的、已经拥有的资源。

● **坚信会有好的结果,才会有好的认知、态度和行为,拥有好的认知、态度和行为,才会出现好的结果**

美国著名心理学家埃利斯(A.Ellis)于20世纪50年代创立了心理治疗之ABC理论,他认为引起人们情绪困扰的不是外界发生的事件,而是人们对事件的态度、看法、评价等认知内容。因此要改变情绪困扰不是致力于改变外界事件,而是应该改变认知,通过改变认知,进而改变情绪。

埃利斯认为外界事件为A,人们的认知为B,情绪和行为反应为C（图5-1）。

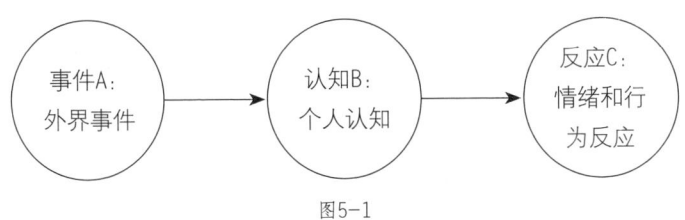

图5-1

也就是说，人们往往按照自己对事件的认知来行事。例如：

2015年网上一则新闻，在迪拜沙滩上，一位父亲不让救生员施救近在咫尺的20岁溺水女儿，导致女儿溺亡。一般人面对溺水事件，认知是生命第一，反应是立即施救；该男子的认知是"施救过程中，陌生男人会触碰到女儿身体，让她失去'尊严'"，反应是阻止救生员施救。

好的认知往往会带来思想、情绪、意念、行为上的正面力量，如果我们相信任何人和事物都有好的一面，就容易接纳已发生的现实，并看到事件里积极的一面，比如不小心打碎了杯子，我们会感叹："幸好没有伤到手！"让"相信任何人和事物都有好的一面"成为自己的价值观，深植入自己的信念，变成一种习惯，我们称之为转念"好"。

好的定义和解释会影响人们的情绪和行为，进而改变结果。我们应该学习如何给予当下所发生的事件以正面、积极的定义，这样，不论外界发生什么，我们总能传达正面、积极的信息给自己和他人，7个转念就是这样一些正面、积极的训练。此外，还可以通过读书、旅行、冥想、交流、思考等行为去丰富个人认知的世界，让自己面对发生的事件拥有更灵活的、更多的选择，从这个意义上去延伸ABC理论，我发现，面对同一个事件A，选择不同的心态和行为（B1、B2、B3），会得到不同的结果（C1、C2、C3）。

延伸ABC理论如图5-2所示：

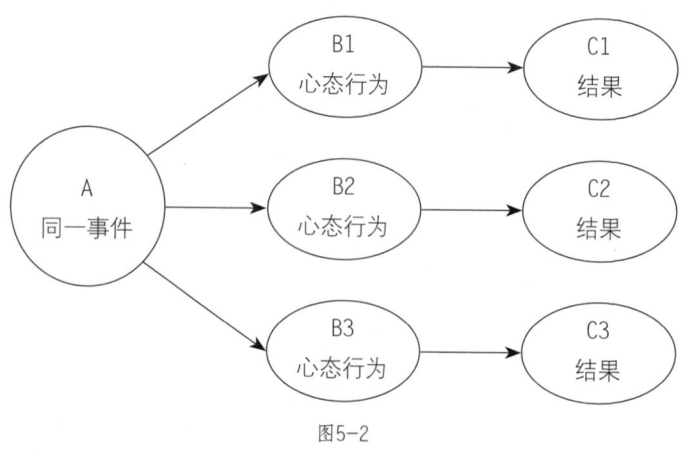

图5-2

在《鲁滨孙漂流记》中，主人公鲁滨孙漂流到无人荒岛时，有意地找到了每一个困境中好的一面并客观地罗列了出来，让他坚定了活下去的信心。

困境1：我被困在荒凉的孤岛，很难有获救的希望。

好处1：同伴们都葬身海底，只有我还幸运地活着。

困境2：我没有衣服、被褥。

好处2：这里天气炎热，根本不用穿衣服。

困境3：我没有抵御野兽的自卫能力和手段。

好处3：在岛上至今几天我还没有见过猛兽。

以此类推，他这样进行分析比较之后，开始暗自庆幸，假如我在非洲遇到海难，肯定会遇到更多的危险，即使我在这悲惨的处境中，也有值得庆幸的地方。

这个故事告诉我们，当人们遇到不幸时，应当考虑到其中所包含的幸运一面，同时也应当为更坏的情况做准备，这样，才能更好面对自己的处境。

●善于发现"不好"背后的积极意义

在20世纪60年代，有一位没有读过书的父亲，脾气很暴躁，以至于为他生了9个孩子的妻子因疾病缠身和对丈夫的失望，服药自杀，孩子们大都敢怒不敢言，私下常抱怨父亲，其中一位孩子在成年之后，在一个假日独自静静地看着躺在土炕上休息的年迈父亲，心里思考，父亲很善良、很老实，从没有见他有过什么害人之心，只因为他的坏脾气和缺点害得他自己和家人都经历了太多不该经历的痛苦，于是他拿起笔，在本子上默默地盘点并写下了父亲的八大缺点：①平常不锻炼身体，每天早晨起床就抽烟；②对有权有钱的人很谦卑，反之，则看不上眼甚至有时出口伤人；③对家人很粗暴；④不太喜欢和陌生人打交道，不善于和陌生人打交道；⑤在家里从不表达自己的感受，一不顺心就责骂；⑥在家里经常遇事就冲动发脾气；⑦总是看别人缺点多；⑧在家里总是传递负面消息。

　　写完之后，他生出一个强烈的念头"我不要成为有这些缺点的人！命运安排了这样一位父亲给我，就是让他从反面来教育我的！"命运让他深刻地感受到这些缺点之痛，然后再修炼自己！那么，怎样修炼自己呢？年轻人想：应当把这些缺点转化成为优点的方向去修炼，首先要从文字上把"缺点"转化为正面词语，于是，他又提起笔，写下了十六个字；"锻炼、平等、礼貌、感受、冷静、陌生、优点、正面。"这十六个字分别代表：①坚持锻炼身体；②对人要有平等心；③对人尊重、有礼貌，对家人更要尊重；④要主动和陌生人打交道；⑤沟通时要善于表达自己的感受；⑥遇事要冷静、冷静、再冷静；⑦多看别人优点；⑧无论何时何地，总要传递正面消息。

　　在这个例子中，这位年轻人，并没有怨天尤人，他从父亲身上发掘资源，通过反思总结出8大优点，时刻警醒自己，走出了原生家庭的阴影，后来成为了一位有作为的人。

下面举一位老师激励孩子与病魔抗争的例子。

> 中学课堂上，老师给学生们讲了一个《蚂蚁和蝉》的故事：秋天来了，蚂蚁忙碌地为过冬储备粮食，蝉却每天在树枝上不停地歌唱"知了，知了。"结果，蚂蚁安然过冬，蝉却在秋后落地而死。老师告诉大家，要学习蚂蚁的勤劳，"少壮不努力，老大徒伤悲！"说的就是这个道理。后来，一位学生得了白血病，打算绝食弃世。其父母很着急，老师来看她时，学生对老师说："老师，我就像那秋天树枝上的蝉，没有明天了，也不必学习蚂蚁为明天储备什么了。"老师笑了："孩子，蝉也有好的一面，蝉即使在生命的最后阶段，还把美丽的歌声留给同伴和人间。你有爱你的父母，即使你在生命的最后阶段也该把自己的坚强美丽留给他们啊，何况现在医学这么发达，我们正在为你寻找可配对的骨髓。"学生听了老师的话，开始振作起来，积极配合医生治疗，最后在医疗单位和社会媒体的帮助下，终于在台湾找到了配对的骨髓，康复出院。

在这个例子中，老师辩证地发现了"不好"背后好的一面，引导学生相信事情会向好的方向发展，最终战胜了病魔。

第五个转念

● 逆境中若能想到好的一面，可以坚定信念

孔子周游列国，传播自己的信念，屡次碰壁，但始终没有动摇过，只有一次，被围困于陈国和蔡国之间，多日没有粮食吃的时候，他看到弟子们都不高兴的样子，这才有点困惑，便征求三位弟子的意见和看法，子路说您的学说有些令人怀疑，子贡说您的大道理好是好，如果能做些变通就更好了，颜回说："夫子之道之大，天下世人不能接纳，夫子推而行之，明知不可为而为之，不被当政者采纳，是执政者的耻辱，不为混乱污浊的社会所容纳的人，反而更足以证明是一个真正的君子。"颜回的一句"不容，然后见君子"让孔子欣然而笑，让孔子在困境中坚定了自己的学说是正确的信念。

生活中难免会遇到不如意的事，转念"好"会使我们看到这种逆境或挫折中好的一面，让我们从中学习并成长。

在我家里，爱人切的菜往往块头很大，我的初念是"块头大、不美观、不好吃"，本来要提意见的，应用转念"好"，切菜的块头大也有好的一面，就是"很安全。"爱人不擅长刀工又要切得太细，容易切到手，受伤了就不好了，从此释然。

我开车出行，连续在五个路口都被红灯阻在斑马线前，我当下的"初念"是"今天真倒霉"。而应用转念"好"则认为"每次绿灯开始我都将是第一个通过。"因此心情豁然开朗。

俄国作家契诃夫曾写过："要是火柴在你的衣袋里烧起来，那你应当高兴，而且感谢上帝：多亏你的衣袋不是火药库。要是你的手指被扎了一根刺，那你应当高兴：多亏这根刺不是扎到眼

睛里。要是半夜里有穷亲戚来找你,那你应当高兴:幸亏来的不是警察。要是你有一颗牙痛,那你应当高兴:幸亏不是满口牙痛。朋友,照我的劝告去想吧,那你的生活就会欢乐无穷了。"

第五个转念

预设人的动机是好的

人们日常行为的决策原点是动机,沟通时预设他人的动机是好的、正面的,可自然引发自我好的反馈,好的反馈会使事物向良性方向发展。

下面是一位销售员面对客户抱怨时,在预设客户的抱怨动机是好的前提下进行的反馈,这种反馈引导客户向良性方向关注:

用户抱怨	正面动机假设下的反馈
1. 客户:你们的产品怎么用了后没有效果?	销售员:谢谢您对我们产品这么关心(肯定其正面动机),您有何好的建议呢?

2. 客户：你们的产品怎么这么贵？	销售员：谢谢您关注我们的产品（肯定其正面动机），我可以向您介绍下我们产品的不同之处吗？
3. 客户：这样做没有好处啊？	销售员：是的，这件事看似没有什么好处（肯定其正面动机），假如这件事对你有点好处的话，会是什么呢？

多年前的一个春节，一位朋友发祝福短信给公司高管，得到的回信内容是"！！！"，他当时一愣，感到不解和郁闷，春节后和我提起此事，我应用转念"好"，告诉他"！！！"一定代表"新年好"或者"你更好"。多年以后，这位朋友也做到了高管。一次，在与老领导偶遇中，这位朋友提起了"！！！"短信，老领导说："我从来不给任何员工回复春节祝福短信，回复这三个叹号当时就是想着'新年好'之类的"。看来，我当年的理解是对的，凡事都得往好处想！

心里有预见才能遇见。心里预见悲观，结果往往就遇见坏事，心里预见善良和乐观，结果往往就遇见好事。所以，做人要心存善念，作为管理者，更要假设员工的动机是好的，这样一来，对员工就会以从善向好的角度看，给员工以平台与机会。反之，则会以看管的手段束缚员工。

第五个转念

例如，某企业的一位销售骨干半年时间就完成了全年的销售任务，不再积极跑市场，也不再开发新客户，对原有客户也基本停止了发货，针对这一现象，销售经理和总经理分别进行了两次谈话：

销售经理：你6月份就完成了全年的销售任务，现在不好好工作，是否年初给你下达的任务太少了？！

总经理：你今年6月份就完成了全年销售任务，这与你前期的勤奋工作、努力付出是分不开的（肯定），我也认同你完成任务后对欠款客户适当控货（预设动机是好的），同时，请注意你不开发新客户对你这片市场明年增量的影响，老客户停止发货会给公司持续交易造成影响，你是销售骨干，你觉得这样做会对公司、同事、客户起到很好的正面带动作用吗？

看完上面的谈话，想必大家已经知道了两种谈话方式的不同效果。

待人处事，要看到好的方面，正如苏东坡将朋友佛印禅师看成"牛粪"一样，有时看别人不顺眼是因为自己修养不够。每个人的出身背景、教育程度、受环境影响都不一样，我们很容易看到别人的短处，而忽视别人的长处，作为管理者，尤其要注意这一点。欣赏（同伴）比批评更重要，来到这个世界上的每个人都是独一无二的，面对不同的人，有欣赏之心才容易包容他人并引导他人成长,有欣赏之心才可以学习对方,从而使自己更快成长。

预设对方动机是好的,不是放纵、不是讨好,是一种积极沟通的艺术。

例如,一位心理学家走在菜市场上,突然感觉有一只手插入了自己放买菜钱的裤兜,他立刻抓住这只手,抬头一看,原来是一位青年,这位心理学家没有斥责和报警,平静地对青年说:"你想有多点钱用吧?你想要钱这个想法没有错,可是你不能用这个方法获得钱,因为你的这个行为是不对的,你还年轻,还可以去干活、去工作。"青年听后,面露羞愧地走了。在这个故事中,这位心理学家将人的动机与行为区分开来,本着"行为可以有错,动机总是好的"原则,预设人的动机是好的,肯定这位青年"想有钱"是人性普遍的正面动机,这种想法没有错,同时指出了青年行为上的错误,让青年有了羞愧感,有羞愧感的人就有迷途知返的希望。

第五个转念

三 预设对方是好人

何权峰所著《格局》一书中描述了一个现代版"失斧疑邻"的故事：

我就知道会发生这种事：

有位年轻人开车到乡下，半路上车子爆胎了，他打开后尾箱，发现没有带千斤顶，然而四周都是荒野，只有远处有户农家，在这个大热的天里，他只好心不甘、情不愿地去借。

他边走边想："这户人家又不认识我，不可能会把千斤顶借给我！"他越想越觉得对方一定不会借给他，因为他的车离得那么远，对方一定会担心他借了不还,他不断地往坏的方向想,越想心情越糟。

所以当他到达这户人家时,心情已大受影响,便不自觉地用力敲人家的门,对方一开门,就说:"你敲门怎么这么没礼貌?"

他一听,心想完了:我就知道他不会借给我!结果东西还没有借到,就跟对方吵了起来。

有些人总是将事情想象成不好的结果或者预设对方不是善良的人,以至于当坏事真的降临时,就说:"看吧,我预测得果然没错!"最终影响了生活质量。

当你怀疑某人是坏人,他在你心里已经成了坏人,你就会在心中验证他是坏人,就会用对待坏人的方式对待他。其实是你将他逼成了坏人,你也在不知不觉中破坏了你们之间的关系。

需要注意的是,在非工作场合,有时单独面对陌生人,需要预设他人的动机是好的,但是不要因为预设他人是好人而放松保护自己。

第五个转念

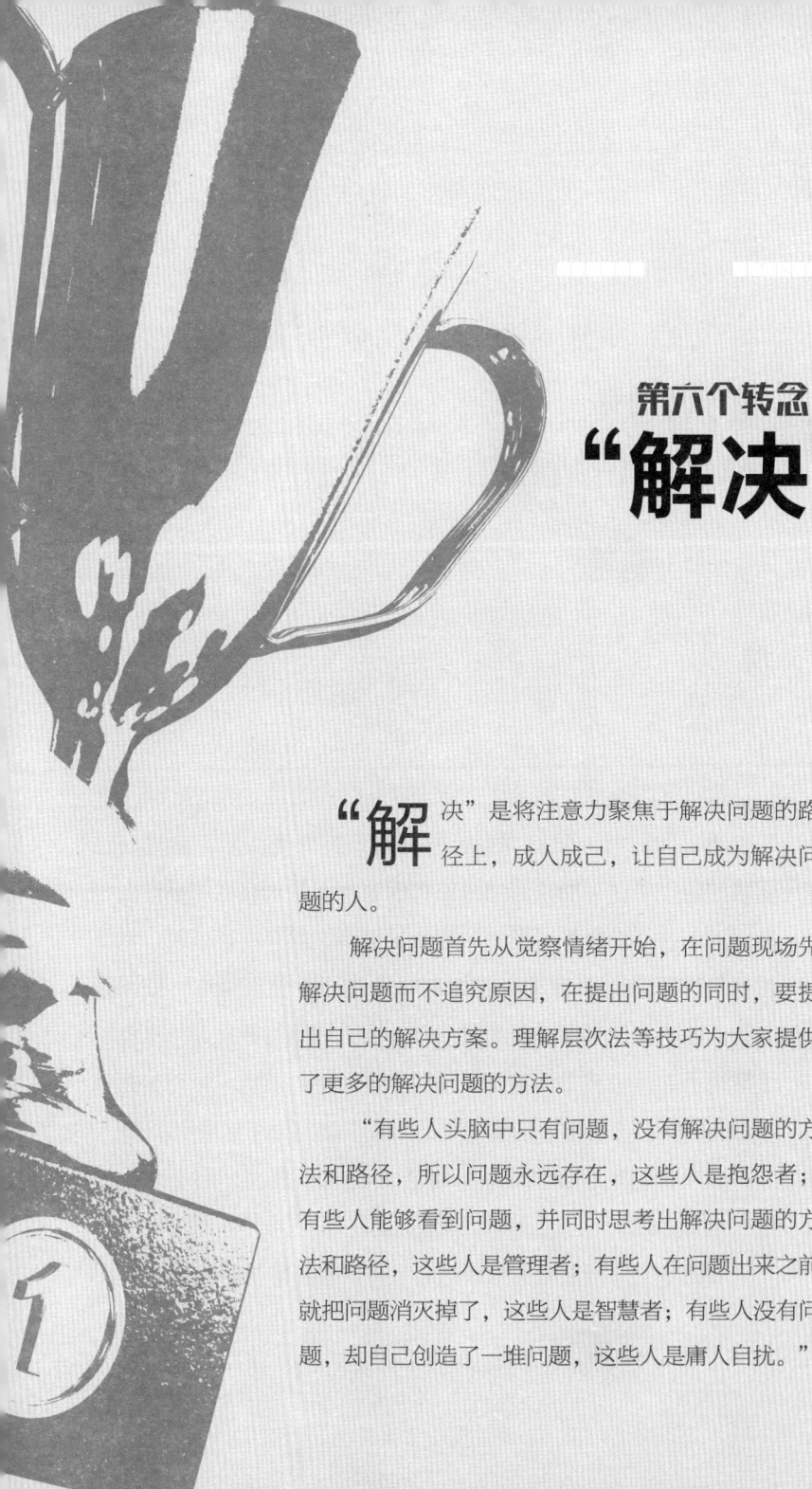

第六个转念
"解决"

"解决"是将注意力聚焦于解决问题的路径上,成人成己,让自己成为解决问题的人。

解决问题首先从觉察情绪开始,在问题现场先解决问题而不追究原因,在提出问题的同时,要提出自己的解决方案。理解层次法等技巧为大家提供了更多的解决问题的方法。

"有些人头脑中只有问题,没有解决问题的方法和路径,所以问题永远存在,这些人是抱怨者;有些人能够看到问题,并同时思考出解决问题的方法和路径,这些人是管理者;有些人在问题出来之前就把问题消灭掉了,这些人是智慧者;有些人没有问题,却自己创造了一堆问题,这些人是庸人自扰。"

解决问题
从觉察情绪开始

　　解决问题或良好沟通往往始于对自己和他人的情绪觉察。

　　遇到问题时，先处理自己的情绪，再处理问题。处理自己情绪的前提条件是能在情绪来临的刹那间觉察到自己的情绪。但是，人们往往在情绪爆发之后才能感觉到它的存在。这时，情绪已经造成后果，不容易再受控制，更谈不上管理情绪。如果说能管理情绪是领导者的重要素质和一个人成熟的标志，那么觉察（情绪）才是管理（情绪）的开始。沟通中的矛盾一半以上是源于误会，误会多开始于未能觉察情绪或未能充分了解事实。

　　如果我们遇事能"定"，智慧之光就易显现，利于解决问题。

　　下面举三个当下觉察到情绪和没有觉察到情绪的故事。

例如，成吉思汗斩鹰悟道成大业。

　　成吉思汗能取得伟大的成就，与他善于制怒有关。他之所以善于制怒，与他的一段传奇经历有关。

　　有一次，成吉思汗单独带着猎鹰去打猎。烈日当空之下，他感到很口渴，不久，他来到一个山谷，看见有水滴从上面一滴一滴地流下来，成吉思汗很高兴，就从皮袋里取出杯子，耐着性子去接一滴一滴流下来的水。

　　当水接到七八分满时，他高兴地把杯子拿到嘴边准备喝水时，他的爱鹰一阵疾风似地把他的杯子撞翻，将水弄洒了，成吉思汗很生气，只好拿起杯子重新接水。

　　当水再接到七八分满时，他的爱鹰又一阵疾风似地把他的杯子撞翻，成吉思汗异常愤怒，于是他一声不响地悄悄取出尖刀拿在手中，另一只手拿起杯子重新接水，当爱鹰再次向他飞来时，成吉思汗迅速把鹰杀死了。

　　由于他的注意力集中于杀老鹰，疏忽了手中的杯子，杯子掉到了山谷里，他再也无法接水喝了。不过，他想到既然有水从山上滴下来，那么上面也许有蓄水的地方，很可能会找到湖泊或山泉。于是他拼力爬上了山顶，发现果然有一个蓄水的水坑。

第六个转念

他兴奋极了，正想弯下身子喝个痛快。忽然，他看见水坑边有条大毒蛇的尸体，这时才恍然大悟："原来老鹰救了我一命。正因它屡屡打翻杯子里的水，才使我没有喝下被毒蛇污染了的水。"

成吉思汗知道自己做错了，他对自己说："从今以后，我绝不在生气的时候作决定！"这一决心，使成吉思汗后来避免了在冲动下做决定，为他成就雄图霸业带来了莫大的帮助。

这个故事告诉我们，面对问题时要先让自己平静，进而再寻求解决问题的方法。

再举一个例子：老板视察工地的尴尬。

一位老板到工地视察，看见一小伙在工地一角看漫画，便问："你一个月多少工资？"答："1000元。"老板从包里取出一千元现金："这是你的工资，你现在给我滚！"小伙走后，老板问："这家伙是哪个部门的？"一个声音回答："他是送外卖的。"

这个例子告诉我们，一旦被情绪控制，人的行为显得多么冲动、愚蠢、滑稽可笑！

还有一个例子：妈妈辅导儿子做功课。

一位妈妈检查儿子作业，看见儿子在做填空

题——"下课了,同学们纷纷(　　)教室。"的括号中填写了"跑进"两个字,就批评儿子说:"下课了要跑出教室,怎么能跑进教室呢!不认真!"儿子被妈妈批评,有些生气:"那是上体育课,下课铃一响,我们确实要往教室里跑啊!"

这个例子启发我们,平静地与你的孩子沟通,多了解一下事实,可以避免亲子关系中很多无谓冲突!即使身为父母的你是对的,如果带着不良情绪去沟通,也不易被孩子接受。言传身教,如果父母经常带着坏脾气与孩子沟通,培养出来的孩子往往也是一身坏脾气,这样的孩子进入社会后遇到的挫折往往会比其他孩子多些。

●觉察情绪、解决问题的一般步骤

沟通中,当我们遇到问题和压力时,都会本能地有恐惧、焦虑、愤怒等情绪,既然觉察情绪是解决问题的开始,我们就要先觉察自己的这些情绪,通过数数、深呼吸、暂时离开现场等方法,让自己先平静下来、排除自身情绪干扰。然后,通过转念假设对方动机是好的,让自己回到现场,倾听对方并予以同步引导,才会利于解决问题。而不是一味地放大自身情绪,或者被情绪左右,导致无法沟通,甚至激化矛盾、制造出更多问题。为了方便大家记忆和自我训练,我用图6-1表示觉察情绪后的处理方式。

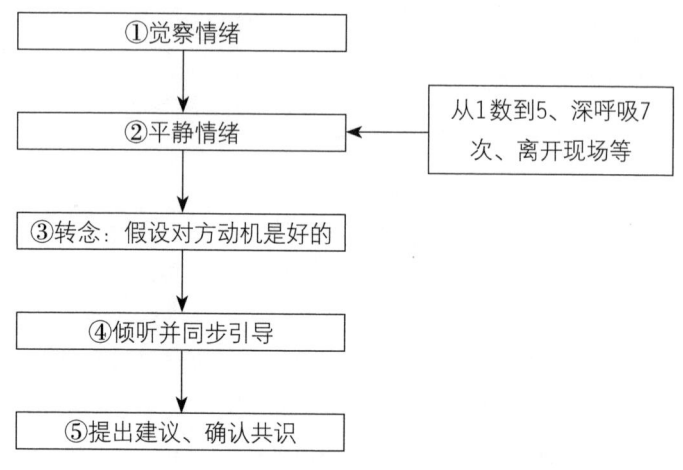

图6-1

解决问题需要有效沟通，有效沟通需要亲和力

有效沟通是解决问题的前提。沟通中，我们大部分人只注意到自己言语的内容，而容易忽视表达言语的情绪和态度，所以往往各说各话，导致无效沟通。其实，影响沟通效果最重要的因素是你说话的表达方式，就是你说话时的肢体语言和你的语调是否能够带给他人舒适的感觉，也就是你是否具有亲和力。为此，我们有必要介绍一下提升亲和力最快速有效的方法——同步引导，同步引导可以从表情、语音、语速、肢体动作等几方面展开。

● 同步引导

同步引导又称先跟后带，是指沟通中有意识地主动配合对方的表情、眼神、肢体动作、语音、语调，以保持自己的表情、眼

神、肢体动作、语音、语调尽量与对方一致，从而创造出有亲和力的氛围。同步引导可让对方无意识地接受你，甚至达到一种善意的催眠效果。

沟通高手往往具有很好的亲和力。亲和力就是沟通中你给他人带来舒适感的能力。比如：微笑的表情、专注的眼神、熟悉的乡音、同频速的语调、有力的握手、类似的习惯、肯定的语言。

同步引导需要两个步骤，先观察、再配合。

先观察对方的反应，然后再依据对方的反应来主动调整自己的语音语调、表情、眼神、肢体动作等来配合对方的节奏。要注意的是，配合对方的节奏时要记得比对方慢半拍，这样会自然一些，效果更好。

在沟通中我们都遇到过很投缘的人，好像也不用多说什么，就感觉很默契，感觉配合得很好，其实，我们可能都在有意无意地同步配合对方；另外，如果沟通的效果不是很好，可能是你们不同步，或者说是你没有做好同步引导，没有配合好对方，没有以自己的肢体动作、语音语调等去影响对方。

●善用肯定词语同步引导

沟通开始以至整个过程中，真诚地善用以下肯定词汇、词语，会增加自己的亲和力，令对方觉得被尊重。常用肯定词汇、词语举例如下：

◆ 您……

◆ 嗯……

- ◆ 行……
- ◆ 好……
- ◆ 对……
- ◆ 是的……
- ◆ 没错儿……
- ◆ 我懂了!
- ◆ 我错了……
- ◆ 看得出来……
- ◆ 听得出来……
- ◆ 请讲下去……
- ◆ 真不简单……
- ◆ 那没关系!
- ◆ 向您汇报……
- ◆ 您说得很有道理……
- ◆ 这个问题问得很好……
- ◆ 我能感受你的真心……
- ◆ 这对你确实很重要……
- ◆ 我理解,你不想让×××失望……
- ◆ 你付出的代价确实太大了……
- ◆ 一开始我也是这么认为的……
- ◆ 我能理解你的观点/看法/想法……
- ◆ 复述。例如:"王先生,你刚才是说……是这样吗?"
- ◆ 我们同步一下,看看双方得到的信息是否一致?

◆听了你刚才的发言,我先重复一下你们的目标,还有你对我提议的看法,看我理解得对不对?

◆请先听听我对你刚才表述的理解……是这样的吗?

◆你说的是事实,同时,处理方法是否可多些选择?

◆咱们……

在和有共同利益的谈判方交谈时,适时地将"你们"替换为"咱们"会引导对方的潜意识对说话人的认同,达到更好的效果。

◆善用偏正结构,将正面词语放在词句后面。例如,与其说:"你的建议很好,不过,付出的代价有点大。"不如改为偏正结构表达:"尽管付出的代价有点大,你的建议的确是个好建议!"

◆……同时……

例1:我希望这是个误会,同时,这给我的感觉是……

例2:在转折语气中,把"但是"换为"同时"效果更好,比如说"你的建议很好,但是……"可改述为"你的建议很好,同时,是否有想过我们还可以有另外两个选择方案……"

以上同步引导的语句,请因时、因环境、因人使用,但最重要的是,说话人要身心一致,要有一颗真诚的心,只有真诚的心才可能让你有同步引导的肢体和表情配合,否则,会言不由衷,适得其反,如果没有真诚的心,那么就没有事物会存在好的结果,正所谓"不诚无物"。

● 赞美时要具体及时，批评时要对事不对人

沟通中表达的内容很重要，你表达完了，对方能否听得进去更重要。特别是在赞美或批评一个人时，同步引导也许不太合适，此时，合适的方法是赞美时要具体、及时，批评时要对事不对人。

空洞的或不当的赞美会让人怀疑我们的真诚。一次，一大早我对9岁的女儿说："女儿，你真棒！"女儿莫名奇妙地看着我慢慢地说："爸爸，我怎么觉得你虚伪！"实际上我当时是想表扬她昨天按时练琴了。

批评时对事不对人是指先肯定对方的为人、指出对方的优点，同时，具体指出对方在某件事情或某个行为上做得不好的地方。

某公司一位副总经理，多年前招聘他的兄长在自己管辖的范围工作，后来他的兄长和其上级主管闹僵，导致上级主管无法开展工作，但这位副总经理没有及时在其职权范围内解雇其兄长，对公司造成一定负面影响。总经理和副总经理谈话："你不忍心辞退你的兄长，说明你是个重情义的人（对人），这些年的患难与共我也知道你是个有责任心的人（对人）。但是，在这件事情上你处理得很不好（对事），我们一直沟通得很好（对人），只是这件事情（对事），你让我很不满意，大家也都看着呢，影响很坏……"谈话后，这位副总经理马上劝退了兄长，事情得到了很好的解决。

面对未涨工资闹情绪的员工："这次没有给你涨工资，是

因为你前一段时间的工作疏漏很多（对事）。只要你以后努力工作，下一次涨工资就有你的份。"

批评孩子时，有些家长会忍不住大骂，例如考试没有考好时会怒斥："这次怎么只得了59分，你真是个笨蛋！"这样的言语，会大大打击孩子的自信心，因为这句怒斥是在否定孩子这个人。如果能先肯定孩子个性中优秀的一面，然后再批评到具体事件，比如说："你一直是个很聪明的孩子（对人），可是这次怎么只考了59分！（对事）"，效果就完全不一样了。

当孩子一直在玩手机游戏时，有些爸爸会对孩子说："别玩手机了！如果你再不听话，以后爸爸就不喜欢你了。"孩子灵性很高，会觉得父母在说谎或者父母不太可靠了，这样的话父母说多了，就容易在孩子心中播下不信任父母的种子。正确的批评方法是："爸爸一直很喜欢你（对人），但是，爸爸对你迷恋手机的这种行为感到很不满意（对事）……"

解决现场问题的三步曲

面对问题时,大多数人往往会本能地质问"为什么",这会引导我们关注过去,不利于问题解决。如果我们面对当下和未来转念,多问自己几个"怎么办?""如何操作?""如何解决?"则有利于现场问题的快速解决。

从事企业经营管理多年,我总结了解决现场问题的三步曲,如图6-2所示:

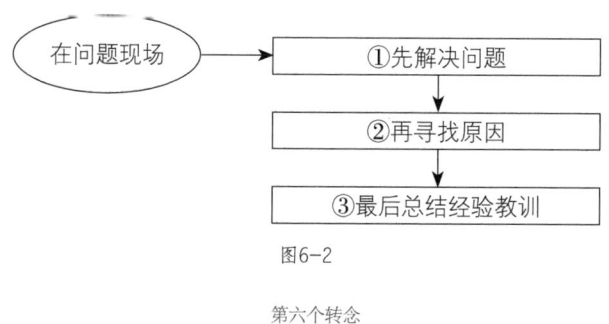

图6-2

在问题现场，如果一开始就追究责任，责问"这是怎么搞的？""怎么会这样呢？""这是谁的责任？""这是谁搞的？""这是为什么？"当事人会本能地因为害怕承担责任而寻找借口，从而分散大家解决问题的注意力，拖延解决问题的时间。反之，先解决问题，再回头追溯问题的原因，做到三不放过，即原因不清楚不放过，相关责任人不清楚不放过，整改措施不到位不放过，则会大大提高工作效率。

四、解决问题的理解层次法

国际顶级NLP大师和组织顾问、教练罗伯特·迪尔茨（Robert B. Dilts）提炼出了理解层次法，认为人脑是从六个不同层次去理解事情并处理问题的。这六个层次从低到高分别是环境、行为、能力、观念、身份、系统。如图6-3所示的塔形。

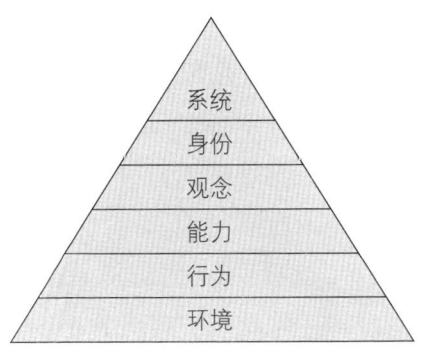

图6-3

第六个转念

环境是第一层次，是指我们所处的时间、地点以及我们所接触的人、事、物，环境是最低层次。比如，新兵入伍后使用统一的营房、食堂、训练场就是新兵所处的环境。

行为是第二层次，是指我们做了哪些行为动作，或者准备做哪些行为动作。部队或者学校的统一着装、统一作息就是行为层次。

能力是第三层次，能力会主导具体的行为，能力层次是指我们如何做到的，为了做到一些行为动作，我们已掌握了或者还需要掌握哪些能力。比如要求战士负重20公斤，急行军20公里就是能力。

观念是第四层次，是理念、信念、心态、价值观和世界观的统称，也可以理解为个人对外部环境和世界的认知。通俗地说，就是指我们为什么这么做？什么对我们是最重要的？比如战争年代，在最后的冲锋时刻，指挥员往往振臂高呼"同志们，为了新中国，冲啊！""杀鬼子！冲啊！" 又比如周恩来总理小时候，私塾老师问大家："为什么读书？"周恩来回答："为中华之崛起而读书！"

身份是第五层次，是指我是谁？你是谁？别人怎样看我？别人怎么看你？身份层次是常用的较高理解层次。比如推销衣服的销售员可以说："你穿上这件衣服，一看就是成功人士，这个品牌的产品，刘德华也一直在用。"

系统是第六层次，又称"灵性"层次，是指我与世界的关系和人生的意义，"系统"是最高的理解层次。

一般沟通中我们通常用到的是前五个层次，下面我通过四个例子进一步阐述理解层次。

例1　用理解层次分析妈妈教育6岁儿子的谈话

儿子，房间有点乱哦。（环境）

你去打扫下房间吧。（行为）

你的劳动可以帮到妈妈，你是妈妈的好帮手。（身份）

儿子打扫完毕后，妈妈看看现场说：

儿子，你打扫得很干净。（能力）

房间整洁了看起来好舒服啊。（观念）

儿子真是讲卫生的好孩子。（身份）

例2　用理解层次分析老师教育学生的讲话

老师对技工学校的学生们说：

当你们遇到困难与挫折时。（环境）

要不断地想办法，尝试解决。（行为）

在实践中积累自己的经验与能力。（能力）

困难与挫折是迈向成功的垫脚石。（观念）

坚持下来，你会成为一个成功的人。（身份）

例3　通过身份说服客户补交款

某电脑公司主管在当天的结算中，发现新到的员工在卖出的电脑中有一台电脑少收了1000元，这位主管是这样与对方沟通的:刘先生您好,您昨天在我们这里购买了一台价值1.1万元的电脑,新到的员工小王少收了您1000元(行为),相信您也没有注意到(预设对方是好人),我们公司规定由小王负全部责任(环境),小王已经垫交了1000元给公司,此事对这位刚刚工作不久的大学生是个不小打击(观念),我相信您这样优秀的人(身份)一定会帮助年轻人处理的,明天小王准备去您公司,您看几点方便?"

结果,正是因为给了客户一个恰当的身份,客户自觉地补交了员工少收的1000元。实践发现,运用身份层次去说服他人更容易被接受。

例4 身份影响观念、身份改变行为

洞房花烛夜,当新郎兴奋地揭开新娘的盖头,羞答答的新娘正低头看着地上,忽视间掩口而笑,并以手指地说:"看,看,看老鼠在吃你家的大米。"

第二天早上,新郎还在酣睡,新娘起床看到老鼠在吃大米,一声怒喝:"该死的老鼠!敢来偷吃我家的大米!""嗖"的一声一只鞋子飞了过去,新郎惊醒,不禁莞尔一笑。

我们是否也犯过类似的毛病,初到公司时发过抱怨:"你们厂怎么怎么样……"我们是否也有过身体进了门,而身份和心态却迟迟未进门的时候?

作为个体，自我身份定位不同，则主导的行为和观念不同，爆发出的能力也不同；作为组织，价值观是企业的核心竞争力之一，只有上下左右观念一致、言行一致，才会形成真正的竞争力，正所谓"上下同欲者胜。"企业的人才不一定是名牌大学毕业，只有心已在公司、认同公司价值观的员工才是公司的人才。

身份层次就是身份定位，包含组织定位、自我定位、别人对我的定位。

定位定行动，定位定执行，定位定思维，定位定心态，定位定胸怀，定位定格局，定位定天下。

●人们往往局限在产生问题的层次上解决问题（爱因斯坦）

当我们面对问题时，如果能够找出问题到底出在理解层次的哪一个层次，就能更快、更有效地找出解决问题的办法。下面举一个公司总经理运用理解层次，指导业务人员重视用户服务的案例。例如：

总经理：今年你的销量下滑很严重，我们来想想办法。

业务员：市场环境不好。（环境）

总经理：今年行业增长率10%，你的片区增长率是-2%，日常工作中你都为客户做了哪些服务？（行为）

业务员：经常拜访客户，了解行情。（行为）

总经理：你拜访时是否到客户的产品使用现场实地考察并提出指导建议。（行为）

业务员：考察指导有什么用啊。（观念）

再说我也不懂技术。（能力）

总经理：未来的竞争将从营销竞争转为服务的竞争。（观念）

公司将加强技术培训，希望你抓紧学习，每一位业务员将来都要成为技术顾问。（身份）

以后每个月的考核中将增加"用户拜访及考察指导"考核指标。（行为）

在这个案例中，总经理通过与业务人员的谈话，发现他的问题分别出现在行为、观念、能力三个层次上，最后总经理通过对业务员身份的重新定位（作为客户的技术顾问）和改变业务行为标准（考核），以期达到提高业务员技术服务水平、为用户增值的目的。如果总经理再能够对业务员加以系统层面的启发，效果会更好。

一般来讲，人们很难从环境层次说服自己或者说服他人，换句话说，就是人们很难客观正确地判断环境对自己的影响。看看你周围一些对现实不满而又无力突破的人们，他们是否会经常抱怨环境不好、客户不好、同事不好、领导不好、家人不好、生不逢时、怀才不遇等，他们将现状归于外部环境因素，认为自己人生的诸多不顺是由周围环境造成的，这些人就是被困在环境层面,抱怨环境不利于解决问题。

其实,人与人的根本区别在于观念,观念对于人就像软件对于电脑一样重要,电脑软件要经常升级,人的观念也要与时俱进,当社会大环境发生变化时,个人观念也要随之改变、跟上时代发展的步伐,当你静心冥思或读万卷书行万里路时,你的观念也会渐渐发生相应改变,一旦你的观念发生了改变,行为就会相应转变,一旦观念和行为改变了,环境就不会再成为影响你对现状判断的决定性因素,正所谓"境由心生"。

一个人、一个地区、一个国家的落后,首先是观念的落后,2017年我在非洲某国出差期间,发现当地人极少会准时上班,一到下班时间,当地人立即放下工作就离开了,看到还在工地上加班加点的中国人,当地领队不解地问:"你们中国人为什么这么喜欢工作?"我听了一愣,然后告诉他:"我们工作是为了实现个人价值,提高自己和亲人的生活品质,拥有勤劳民族的国家才会富强。"

高层次上的改变会使低层次上也发生相应的改变,所以,当在低层次上遇到问题时,在高层次上解决就会更容易。从观念层次说服一个人比从环境层次或行为层次说服一个人容易,从身份层次说服一个人比从观念层次说服一个人更容易,最高层级的说服是从系统层面,即从灵性以及人生的意义层面去打动人。

我曾在张家界看过魅力湘西晚会的"赶尸"节目表演。赶尸是过去发生在湘西的一种灵异风俗,赶尸的师父在士兵尸体上贴上符、念着咒,赋予尸体"走路"的能力,然后昼宿夜行地赶

第六个转念

着尸体往家乡走，我一边看一边思考，这是湘西子弟兵叶落归根的观念使然吗？当我看到白发苍苍的母亲抚摸着回到家的儿子尸体："儿啊，你终于回来了，你把生命献给了国家，把身体留给父母！"禁不住留下了眼泪，母亲的话说出了湘西子弟兵与世界的关系，说出了湘西子弟兵的人生意义，这就是系统层次，这就是灵性层次！赶尸本来是一种神秘的民俗，但是，母亲的话通过系统层次使赶尸升华到了一种更高的境界！

以下是我对"赶尸"的理解层次分析（图6-4）：

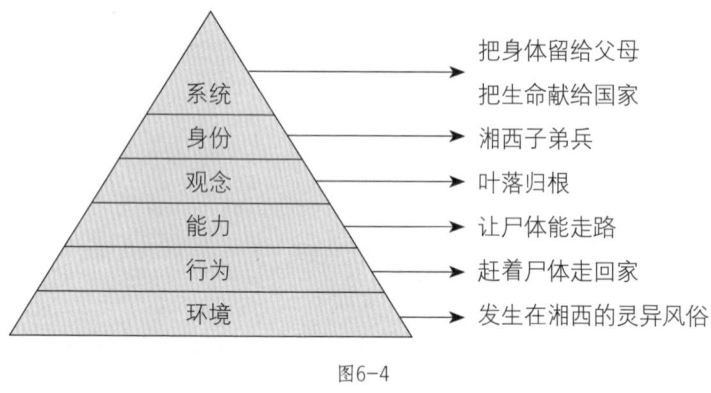

图6-4

改变观念有以下四个途径（台湾李中莹）：

（1）本人的亲身经验，如被烫伤而知道火能伤人。

（2）观察他人的经验，如见到同学受罚，知道某些行为不可以在上课时做。

（3）接受信任之人的灌输，如父母说要提防陌生人，所以我们对不熟悉的人有抗拒之心。

（4）自我思考做出的总结。

在企业管理中，通过观察他人经验改变观念的操作方法之一是树立标杆客户或标杆员工，学习标杆的可复制经验。

图6-5是我对饲料行业销售人员的理解层次分析。

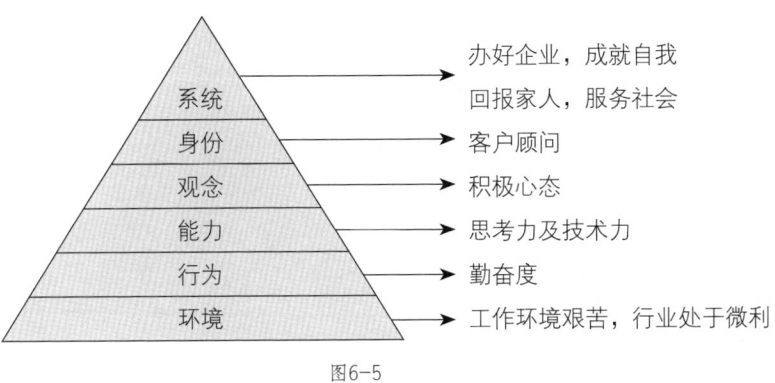

图6-5

第七个转念
"五指"心态

"五指"心态就是用五根手指形象代表的五项积极心态。下面将解密五个手指特点所代表的积极心态。

积极心态是人内心对各种刺激做出的正向的反应趋向,是正向的辩证思维,是现实的乐观主义。

积极心态是正心。《大学》八目中提出:格物、致知、诚意、正心、修身、齐家、治国、平天下。林正大老师在一次课程中对其做了以下精辟的解释:

格物:穷究道理。

致知:获得智慧。

诚意:遵守规律。

正心:摆正心态。

诚意是摆正心态的前提,而摆正心态是修身、齐家、治国、平天下的前提。

积极心态有很多种,比如乐观、向上、谦虚、舍得、勇敢、感恩……不同的人有不同的理解和看法。这里,重点讲五项积极心态:内省心态、换位心态、坦诚心态、主动心态、知足心态。这是我通过多年的教学和思考,解密的每个手指特点形象地代表的每种心态,五根手指代表的五项心态也对应了"你真棒"的手势,见图7-1。

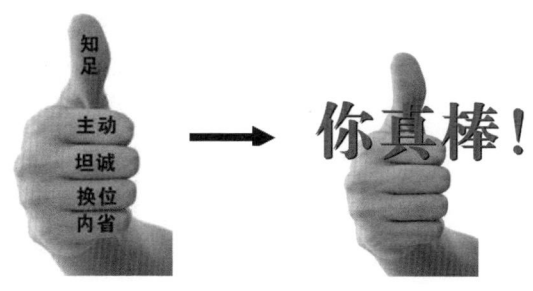

图7-1 "五指"心态

当我们表示赞许时,常常会手握拳状、竖起大拇指赞叹"你真棒"。如果你能做到五项积极心态,你就真的很棒了。

下面,我具体讲述一下五根手指所代表的积极心态。

(1)小拇指:当我们竖起手掌时,五指中除了大拇指外,小拇指将自己的位置放得最低,最谦虚,小拇指代表内省心态。

(2)无名指:无即是有,无中生有,喻义可以站在任何角度看问题,所以,无名指代表换位心态。

(3)中指:居于五指中央,不偏不袒,中指代表坦诚心态。

(4)食指:除了大拇指外,食指最灵活能干,食指代表主动心态。

(5)大拇指:相比其他手指,大拇指结构简单,只有一个指关节,其他手指都是两个指关节,当我们竖起手掌时,可看到大拇指的位置起点比其他四个手指都低,但大拇指常常竖起来表示对世界的肯定、对自我的肯定,所以,大拇指代表知足心态。

一 内省心态

五指中除了大拇指外,小拇指位置最低,小拇指代表内省心态(图7-2)。

与内省心态相关的表述有:"成功靠运气、失败在自己"。内省,就是自省,反省、反思,谦虚,观照,自我检点,"有则改之,无则加勉"。

图7-2

成功靠运气,失败在自己(松下幸之助)

这句话准确地表达了谦虚内省的心态。

"成功靠运气"是指事情顺利时,谦虚一点,说运气好,因为成功不仅仅是个人的努力,也离不开天时地利人和等因素。

"失败在自己"是指事情不顺利时,从自己身上找原因、问题、根源,进行检查和总结,承担失败的责任,甚至对一些小的失误也一一进行检查和总结,这样才会避免下次再犯同样的错误。

先问自己哪里做得不够好,是否粗心大意、未百分百用心、推卸责任、承担不起而逞强,或者是因为面子、自尊或自以为是而坏了事。

如果不顺利就说是运气不好,不承认错误、失误、缺陷,就无法发自内心地从错误与失败当中吸取教训。人不怕犯错误,只怕不敢承认错误。

子曰:"已矣乎!吾未见能见其过而内自讼者也。"(《论语·公冶长27》)

译文:"完了,我还没有看见过能够看到自己的错误而又能从内心责备自己的人。"

1. 推卸责任的"祖先"

据说上帝创造亚当和夏娃之后,告诉二人不能吃能分辨善恶的树上的果实。后来上帝发现该树果实被偷吃了,上帝质问亚当:"亚当,是不是你偷吃了那树上的果实?"亚当回答:"是夏娃让我吃的。"当上帝再质问夏娃:"夏娃,是不是你偷吃了那树上的果实?"夏娃躲在树林里说:"是蛇让我吃的。"故事里亚当回答："是夏娃让我吃的。"就是不敢承担责任。当夏娃躲在树林里说："是蛇让我吃的。"也是不敢承担责任。我想，如果亚当和夏娃勇于向上帝承认错误，上帝可能会按初衷让人类活得更长寿些。

推卸责任是人性的弱点之一，只有我们承认这一人性弱点，才能勇敢地面对责任。

"不要为自己找理由"是打开成功之门的最好钥匙！有人这样评价印度圣雄甘地（Gandhi）："他绝不会拒绝承认自己犯过的错误。"

子曰："君子之过也，如日月之食焉，过也，人皆见之，更也，人皆仰之。"（《论语·子张》）

身为员工，承认错误可以增加你的信任度；身为领导者，承认错误可以为你周围的所有人做出表率。以身作则是贯彻执行力的最佳方法。"其身正，不令而行，其身不正，虽令不从。"不要给自己找借口："我以为""没人告诉我""不可能""做不到""不是我说的"。

2. 推卸责任的技术员

当年，我身为技术服务专家时，曾经将一个行业内新出现问题的有效处理方法总结在案，然后召集技术员照我的工作日志本抄录下来，作为走基层的服务指导补充方案。后来，我主动给一个用户的场长打电话了解方案的执行情况,客户说使用我的方案后损失更大了,通过仔细询问,我了解到是他们在实施过程中加大了产品的使用剂量所致,便叫来负责该用户的技术员到我办公室,我担心他有压力,故作轻松地问他:"林海场长的处理情况怎么样了?" 他回答说:"挺好啊" 我心里一怔:"我听说用了我们的处理方案后损失更大了,使用剂量太大了。"他的第一反应是:"那个使用剂量是你说的!"我打开我的工作日志本让他对照,他又改口说:"那个使用剂量是他们场长说的!"我说:"那我现在打电话问问他们场长。""你别问了,如果不是他们场长说的,就是他们场的技术员说的,反正不是我说的!"

这次谈话之后,我一直期待他会有一个负责任的解释,能让我看到他为这件事承担责任,因为我相信,和客户沟通,即使客户记错了,我们也有未做到及时提醒和指导的责任。一年后,这位技术员因为难以融入团队,就离开了。

学习的过程是允许犯错误的,那些总是犯同样错误或者不肯承认错误的人难以进步。

子夏曰:"小人之过必也文。"(《论语·子张》)

这句话的意思是说:小人为人处世,对于自己的过错,总会想方设法找出许多理由,把过错掩盖起来(南怀瑾)。

第七个转念

子曰:"过而不改,是谓过矣!"(《论语·卫灵公》)

这句话的意思是说:犯了错误而不改正,才是真的错了。

● **死要面子会失去别人帮助你的机会**

举个例子:

死要面子的野猪

森林中狐狸和野猪交上了朋友,并决定以后一同捕猎。新的一天开始了,狐狸自告奋勇在前边带路,忽然发现前边有一个陷阱,他立即对身后的野猪说:"有陷阱,小心!"野猪听了不服气:"别卖弄聪明了,谁不知道前边有个陷阱。"走了不远,狐狸又发现一个陷阱,但这一次狐狸没有回头告诉野猪,狐狸认为野猪也能识别出陷阱,谁知狐狸刚刚绕过陷阱,就听到身后的野猪嚎叫,野猪愤怒地大骂:"该死的狐狸,你和猎人串通好了来谋害我!"

不谦虚、不敢承认错误,将很难找到可以帮助自己的人。自尊心太强、太看重面子,有时也会害了自己。一个人即使尚未改正他的错误,只要他勇于承认错误,就可能得到他人的帮助,可怕的是觉察不到或不敢承认自己的错误。

欲盖弥彰,用一个错误去掩盖另一个错误,那么你就多了一个错误,最近的错误,比最初的错误更糟糕。在工作与生活中,我们是不是都会不经意地犯这种错误?

● **错误是在内省过程中清晰的**

在我公司创业之初，有一日，办公室文员打电话给技术服务员，请他明早带大学毕业证回公司协助办理有关手续。一大早，该技术员开着摩托车从百里之外赶回来了，文员一看到手的毕业证就急了："我要的是原件，你怎么拿复印件给我？"该技术员更生气："你打电话时也没有告诉我要原件啊，我原件在四川老家，你害得我今天白跑了一百多里！"

善于内省的人自然会承担责任，批评与指责则是逃内省的方式，尝试一下，在批评别人之前，先反省自己，如果两人都用内省的心态去对话，文员可以说："真对不起，昨天我忘了告诉你需要毕业证原件，害得你白跑一趟。"大家想一想，若此时技术员也以内省心态去回应，会出现怎样不同的沟通效果呢？

内省让我们不断成长，失败不是成功之母，经验教训才是成功之母！从哲学角度来看，内因决定外因，有人说"机会比选择还重要"，但我个人认为，心态是内因，机会是外因，你有什么样的心态和价值观，就会发现和选择什么样的机会。一个经常内省的人容易给自己创造进步的机会，抓住外在的进步机会。

● **行有不得，反求诸己**

《孟子·离娄上》里有一段描述：

- 爱人不亲，反其仁；
- 治人不治，反其智；
- 礼人不答，反其敬；

- 行有不得，皆反求诸己。
- 其身正而天下归之。

这段话的意思是说：

自己亲近别人而别人不接受自己，要反思自己的仁爱之心够不够；

自己管理他人而达不到好的效果，要反思自己的管理知识和管理能力够不够；

自己很礼貌地对待别人而却得不到别人的礼遇，要反思自己的态度够不够谦恭敬；

当你遇到不合自己心愿的情形时，当你自己所做的事得不到预期效果和达不到目的时，就应该反躬自问，好好地检查自己，在自己身上寻找问题和根源。有一句话说得好："'我'是一切的根源，想要改变一切，首先要改变自己。"因为改变自己比改变别人容易，自己做到了身正体端，才能服人。

人最大的对手是自己，战胜自己，才能趋于完善，即"胜人者有力，自胜者强。"

曾子曰："吾日三省吾身，为人谋而不忠乎？与朋友交而不信乎？传不习乎？"（《论语·学而》）意思是说："我每天都要作出多次自我检讨：为主人（现可指上级或公司）出谋献计做到忠心不二了吗？与朋友交往合作做到诚信了吗？老师所传授的知识时常温习了吗？"

祸由怨起，福由德生。有时，忏悔仪式也是督促人内省的一种方式，内省心态会减少抱怨，内省心态是提高个人修养与境界的必备思维模式。

有个公式告诉我们,每天进步0.01,经过一年365天的积累,每年可有37.8倍的成长;每天退步0.01的人,经过一年365天的积累,最后只剩下0.03。

$$1.01^{365}=37.8,0.99^{365}=0.03$$

现实中,我们大部分人是在曲折的社会经历中呈螺旋形成长,假如每天都退步一点点,将会逐渐被社会淘汰。每天只比你努力一点点的人,一年后,其实已经比你优秀很多!这里的努力不只是技能提升,还包含心态的修炼。

"我们每天都洗澡,却没有每天清理思想、心态里的污垢,日积月累,变成压抑,纵容惰性,形成心结。"

下面归纳出推卸责任的33个借口:

1. 我以为……
2. 我不知道……
   我不知道你要得这么急啊!
   我不知道啊!
3. 没人告诉我!
   没人告诉我该做些什么?
4. 想当然。
5. 不可能。
6. 做不到。
7. 与我无关。

这不是我所属部门的工作。

这不是我份内的工作。

8. 我也没办法。
9. 我说不行就不行。
10. 没有人给我答复,这件事肯定不重要。
11. 我随时可以怎样。
12. 真麻烦。
13. 市场环境不好。
14. 我正等着上面批准呢。
15. 没有按时完成工作并不是我的错。
16. 我一直都是这么干的。
17. 应该有人提醒我不要那么做的。

没有人通知我去开会。

18. 别怪我,这是老板的意思。
19. 我忘记了。
20. 如果你早告诉我这件事很重要,我早就去做了。
21. 我太忙了,没有时间做。
22. 别人让我这么做,所以才把事情搞砸了。
23. 你为什么不问问我?
24. 我已经告诉过你了。
25. 我的部下失职了。
26. 这件事我交给别人办了。
27. 你说怎样就怎样。

28. 你叫我怎么做我就怎么做。

29. 为什么是我？

30. 差不多就可以了。

31. 路上堵车了。

32. 手机没有电了，没有听到电话。

33. 我手表停了。

细心的读者，请对照以上例句有哪几句是自己常挂在嘴边的。

内省心态与领导力

内省，就是不断修正和验证自己判断与行为执行的过程。内省与决策质量的好坏密切相关。管理者要想减少决策失误，需要养成内省的思维模式，反思自己做决定时是否有自身利益的不当介入和可能扭曲的个人情感介入。有一句名言说得好："检点你的思想，是因为思想会成为你的言语；检点你的言语，是因为言语会成为你的行为；检点你的行为，是因为行为会成为你的习惯；检点你的习惯，是因为习惯会成为你的性格；检点你的性格，是因为性格会成为你的命运。"

职场中每个岗位的员工都应自省、自律、自尊，只有懂得管理自己的人，才能领导别人。只有高层管理者善于自省、以身作则，中层干部才能自律；只有中层干部善于自律，基层员工才会有自尊。基层员工的自尊是什么？是做好本职工作，敬事即是自尊。

态度是人们行事时心态的外在显现，态度决定行为。

第七个转念

一个人的心态决定他能力的形成和能力的发挥，接受任务之前和执行任务时，他的态度决定了他最后有多大的成功。

内省会让人更客观、更谦虚；反之，则会骄傲自满。历史上曾有"关羽大意失荆州"的典故，我认为，本质上不是关羽大意失荆州，这个典故可以改为"关羽骄傲失荆州。"

骄傲的心态让关羽平常轻视部下将军和谋士，导致后来在关键时刻，驻守大后方的南郡太守糜芳率众投敌；之前孙权派使者来提亲时，关羽又不遵守孔明特意叮咛的"南联东吴、北据曹操"的守荆州关键策略，对孙权使者说："虎女焉能嫁犬子。"让关羽意外地对外树敌于东吴。骄傲让关羽不执行孔明的战略策略，骄傲让关羽树敌太多，最终阻碍了关羽能力的正常发挥，以至在大好形势下，战况急转直下，自己命丧在无名小将之手，没有守住荆州，为蜀汉政权的最终衰亡埋下了伏笔，正所谓"谦受益、满招损"。

注意事项：

内省不同于自责，内省是客观的自我认知，自责是主观的愧疚，自责容易将自己陷于愧疚心理，造成内伤，曾经有一位消防员抢救跳楼的女孩，在纵身一跃之后，碰到了下坠女孩的手，但没有抓住，心里非常自责，很长时间萎靡不振，后来通过心理医生介入辅导才重返工作岗位。

在一个要求自责的组织里，人们反而会怕承担责任。在一个要求自省的组织里，大家会勇敢地承担责任，而不是自责，每个人都会主动反思自己的错误和不足，从而使各种原因更明晰。

要善于反省，但不要因此伤害自己，加重自己的心理负担。已经发生了的事情既然无法改变，在反省之后就应该坚决放下。每个人在生活和工作中都会有各种各样的烦恼、担心、失败等，这是人生常事。但覆水难收，总是为过去的事悔恨，毫无意义；总是闷闷不乐会引起心病，接下来会引发身体上的毛病，最终给自己的人生带来更多不幸。不要让过去的事再困扰自己，只有对过去的挫折和灾难抱着学习的态度，才能开创幸福人生。

内省若到了过度自责、内疚、沮丧、绝望、失去活力的地步，此时的内省就过度了，内省到这一步就要学会放下。

"当你受到攻击时，请先谦虚自省三次，是否有意或无意犯了错。若问题确实不在自身，那就别太放在心上。不用急于解释，为自己平反，别被他人的负能量影响自己的情绪和能量"

如果一定要回应，就一定要正面积极地回应，应简短、明确、真诚、正面地限制在一定范围内，不要盲目跟进，更不必如祥林嫂般的重复，同时，要注意回应的行为方式是否与自己一贯的身份相适应。

学着把思考的焦点放在当下和未来，迅速地将精力转移到新的思考和行动中去（转念"能"），转移到自己想要的地方（转念"要"）、有效果的地方（转念"用"）、已经得到的地方（转念"有"），你会发现不一样的风景和世界。

第七个转念

二 换位心态

无名指，无即是有，无中生有，喻义可以站在任何角度看问题，本书就用无名指代表换位心态（图7-3）。

拥有了换位心态，我们在工作和生活中才可能做到换位思考，沟通中的换位心态重要吗？当然重要，很多失误、误会、矛盾就是因为我们缺乏换位思考造成的。

图7-3

换位思考包括狭义换位思考和广义换位思考。

狭义换位思考就是个体从自己换位到他人，站在对方或第三方角度看问题。

广义换位思考就是个体站在不同的角度去看、听、想、说、行动，包括长远思考、动态思考、整体思考、全局思考、本质思考。

（1）长远思考就是以发展变化的眼光，从现在换位到未来，站在未来的角度看现在，以确定现在需要做些什么。

（2）动态思考就是以发展变化的眼光，从现在换位到过去，站在现在的角度看待过去发生的事情，以确定现在需要注意哪些问题。

（3）整体思考就是从个体换位到整体，站在组织整体的角度看待组织中的个体，以确定需要注意或调整哪些问题。

（4）全局思考就是从局部换位到全局，站在全局的角度看待局部，需要注意哪些问题。

（5）本质思考就是透过表面现象看到事物里面蕴含的真正本质，找出事物的主要矛盾或矛盾的主要方面，从而做出正确的决策和行动。

张声雄老师把系统思考归纳为长远思考、动态思考、整体思考、全局思考、换位思考、本质思考。我个人认为系统思考的核心就是换位思考，并用图7-4表示它们之间的关系。

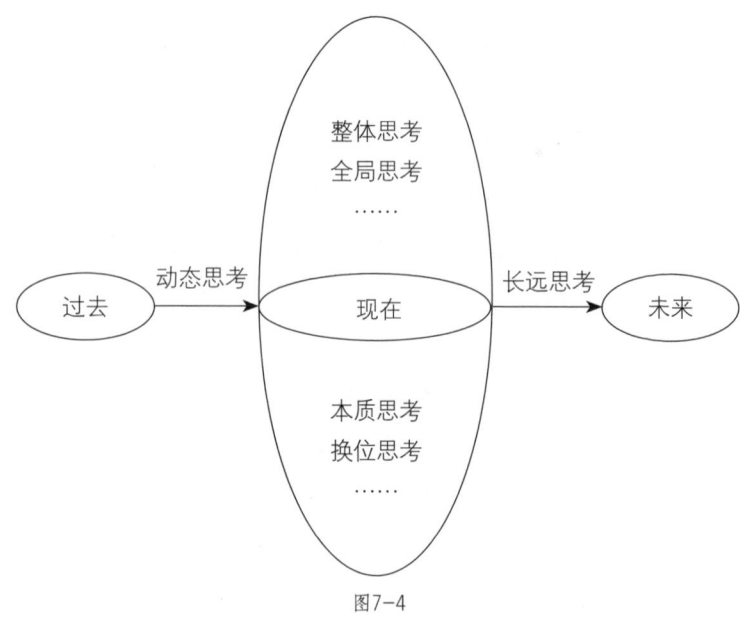

图7-4

1. 长远思考案例

2004年，我们刚成立的公司经销几十种产品，年销售额有一百多万元，有少量盈利，下一步该如何投资？有的员工建议"买台小轿车！"，有的员工说"买台送货车！"，也有说"装修办公室！""购买财务软件！"……众说纷纭，我权衡再三，决定投资金蝶K3全套财务软件。因为我看到，我们总公司当时在中国特种饲料已经是市场占有率第一，与之配套的服务产品销售额在未来一定不只是几百万，一定是几千万甚至是几亿元，伴随销售额的增长，急需财务中枢的支持。没有货车我们可以租车送货、没有空调可以用风扇、没有小车可以坐货车或开摩托车走市场。事实证明，我们购买了金蝶财务软件后，对于客户和业务员的相关财务数据可以做到即时查询和分析，为以后连续十年的销量增长和资金100%回收提供了信息保障。

做事业要有"小不忍则乱大谋"的长远思考。"不谋万世者，不足谋一时，不谋全局者，不足谋一域。"有时，我们接纳一个人或者一个事件只能先从忍受开始，一切发生的事情，或是你天生就能忍受的，或是你天生就难以忍受的。若是前一种，不必抱怨，以你天生就具备的能力来忍受它；若是后一种，也不要抱怨，因为它很快就会随你而去。但要记住：没有什么是你不能忍受的，事情能否忍受取决于你如何看待它，看你是否认为这样做合乎你的利益或出于你的义务。

例如，汉高祖刘邦正是由于深谋远虑，才夺得天下。

> 刘邦早前派韩信去齐国作战，后来刘邦被项羽围困，要求韩信回师援助，韩信则派使者请求刘邦先假封他一个齐王的身份，说这样做便于他治理齐国，便于他回师援助。刘邦听后大怒，这时在一旁的张良踩了一下刘邦的脚，刘邦马上醒悟说："我生气的是韩信这小子为什么让我给他加封一个假齐王，要做就做真齐王！"于是，韩信受封齐王，回军救助刘邦，最后消灭项羽。

付出就想马上有回报的人，适合做钟点工。

期望能按月得到报酬的人，适合做打工族。

第七个转念

耐心按年度领取年收入的人，是职业经理人。

耐心等待3~5年的人，适合做商人或投资家。

用一生的眼光去权衡的人，是企业家。

从长远来看，人生路上，选择比努力重要，眼光比能力重要。

长远思考，以终为始，可使人思路清晰，方向明确，从而少走弯路。路子选对了，路再遥远都可以达到目标。是金子总会发光，说的就是时间问题，千万不能因为时机没有到来就急躁，一定要沉得住气，成功的人未必胜在起点，往往是赢在转折点，坚持到了最后。

注意事项：因为长远思考做出的决策，往往不是当前利益最大化，所以，行动之前，要坚定自己的决心并考察周围可利用的资源是否可以支撑自己坚持到目标实现之时。

2. 动态思考案例

2008年4月，我们公司一位销售主管提出要将某产品沿用前一年的政策促销，我批示"请财务部审核产品成本后报我做决定"。结果这位销售骨干没有去找财务部审核，直接进行了促销，导致月底核算该产品出现了亏损。当我批评这位销售主管未按批示执行时，他理直气壮地回答："去年可以促销，今年为何不可以促销？"殊不知经财务核算，2008年该产品的原材料已经上涨了2倍多。

3. 整体思考案例

一个产品由100个零件组成,假如每个零件的合格率为99%,则该产品的合格率仅为36%;一个产品在生产线上经过五个生产环节制成,若每个环节的合格率为90%,则该产品的合格率仅为59%。

例如,维纳斯雕像雕成之初是完整的,雕塑家罗丹邀请众人来鉴赏,其中一人仔细揣摩着雕像的手臂赞叹不已:"多么漂亮而精致的手臂啊!"罗丹听到后就去掉了维纳斯的手臂。因为在他心中,不愿因为手臂的光环而破坏维纳斯的整体美,果然,断臂后的维纳斯成为最美的传世雕像之一(图7-5)。

图7-5 断臂维纳斯

如果你是一位销售主管,不仅要从销售部角度看待产品,还要从仓储、研发、采购、财务、生产以及客户的角度去看待产品。当我们把每个角度都游走一遍之后,就有了整体思考,智慧来自多角度视野。

如果你的销售工作由报货计划、物流运输、展示摆放、服务推广演示、存货盘点、回款六个环节组成,你若没有在每个环节认真对待,想当然地认为"结果不会有太大问题",每个环节都达到9成把握了,但最后你的销售业绩也就只有

$0.9 \times 0.9 \times 0.9 \times 0.9 \times 0.9 \times 0.9 = 0.53$。

300∶29∶1法则：美国著名安全管理专家海因里希曾提出，一个企业如果存在300个违规隐患，必然会发生29起轻伤或故障，而这29起事故中，必然有1起重伤或死亡特大事故。企业规模越大，团队组成或业务操作越复杂，对每个环节的要求就越高。

4. 全局思考案例

三季人

孔子的弟子在门前扫地，从南方来了一位访客问他："你知道一年之中有几季？"弟子回答："有春夏秋冬四季。""不对，一年中有春夏秋三季。"两人争执不下，来人说："我们打个赌，去问夫子，如果你输了，你磕头给我。" 两人来到夫子面前谈起缘由，夫子打量了一下来人，对弟子说："一年之中有三季，他是对的，你快下跪磕头。"弟子简直不敢相信自己的耳朵，又不敢不从，只得下跪。来人走后，弟子不解地问夫子，夫子答道："你不见来人浑身绿色，是位蚱蜢人吗？蚱蜢每年秋季逝去，他是从未经历过冬季的三季人，你和他争辩什么？"

对于企业的全局思考，是要站在行业上其他企业的角度来看待自己的企业。在行业发展中，我们要基于上级领导的关注点和行业的发展趋势作为自己的工作重点。当行业终端服务已成为一种企业核心竞争力时，作为销售人员，应当提升个人专业技术服务能力并能为终端用户带来价值。

在共产党领导的革命队伍中，每次重大作战计划前，战区负责人都会发电报跟党中央总部请示、沟通。纵观我党我军的革命史，党领导的部队具有共同的信念与价值观，得以形成部队的军魂。当年我们比对手做得好的是，众多将领和部队都可以站在革命队伍的整体甚至是战略全局去考虑问题，然后做出最有利于整体和全局的行动，形成巨大的团队战斗力。

5. 换位思考（狭义）案例

如果你的妻子怀孕，你会发现街上孕妇很多；如果你买了雪铁龙轿车，你会发现街上开雪铁龙的比以前多了。其实不是街上的孕妇和雪铁龙车多了，是你对外界的关注点发生了变化，对外界相应的部分就有了较强的反应。

人因相同而连接，人因不同而成长。每个人对世界认知的脑地图是不一样的，都有自己的优势和局限性，所以与不同的人在一起往往会扩大自己的脑地图，同时会提升自己从新的角度看问题的能力。

神经语言程序学（NLP）之感知位置法将换位思考描述为：对同一个事件的看法，站在自己一方角度考虑时为第一身，站在对方角度看自己时为第二身，站在观察者（旁观者）角度看自己和对方为第三身，站在整个系统角度体验整体平衡为第四身，在第一身至第四身之间来回游走考虑，平衡各方利益为第五身。沟通中，我们以不同角度来换位体验，就有不同的感受，产生不同的效果。

"当局者迷，旁观者清"说的就是站在第三身去思考。有时我们站在更高一层，把自己抽离于事件之外，从旁观者的角度去处理问题，可以寻找更多通往目标的道路。

沟通中，说服他人的时候，如果换位到对方的角度，抓住对方的切身利益得失，说服更有力。在我们公司与外企的谈判中，虽然他们一些条款很苛刻，但他们口头上说的最多的一句是"这样做其实是对你们有好处的。"这句话听起来是不是舒服些？

激励自己的时候，有时也可以换位到你关注的人角度自问："对这件事情的处理，如果是他，他会怎么做？……既然这样，为什么我不先这样去做呢？"

辩证思维是换位思考的终极思维方式，看问题不仅要一分为二，还要一分为三、一分为六……易经的本质之一就是不断变换角度去看问题，"不知易，不足以为将"。

仁字是由"两个人"组成，意为同时考虑到对方才为仁；智字由"知"和"日"组成，把"日"字看做 ☯，意为从不断变化角度看问题为"智"。例如：

换位思考的魅力

拿破仑·希尔是美国著名励志成功大师。有一年，他需要聘请一位秘书，应聘的信件如雪片般飞来。但信件大都如出一辙，首句几乎相同："我看到您在报纸上招聘秘书的广告,希望可以应征,我毕业于某某学校,如果能荣幸被选中,一定兢兢业业……"拿破仑·希尔对此很失望,正琢磨着是否放弃这次招聘时,一份姗姗来迟的信件,让他惊喜不已,认定秘书人选非她莫属。她的信件是这样写的:

"您所刊登的广告一定会引来成百上千封求职信,我相信您的工作特别繁忙,没有足够的时间认真阅读。您只需轻轻拨一下这个电话……我很乐意过来帮您整理信件。您丝毫不必担心我的工作能力与质量,因为我已经有15年的秘书从业经验……"

后来,拿破仑·希尔说:"懂得换位思考,能真正站在他人的立场看待问题、考虑问题,切实帮助他人解决问题,这个世界就是你的。"

6. 本质思考案例

本质思考是指透过表面现象看到事物里面蕴含的本质,找出事物的主要矛盾或矛盾的主要方面。

用本质思考来分析驾驶员的行为。有些驾驶员以为扣安全带是为了防止交警检查,会说,"没关系、不用扣,我们这里不检查这个(表面现象)。"其实,扣安全带的目的是为了自己的安全(本质思考),不是为了给交警看,所以不论是否有人检查,都应该自觉扣好安全带。

对于变道前必须开转向灯这个行为，一些驾驶员以为是为了提醒别人注意，有时会说，"没关系，刚才后边没有车，所以不用开转向灯"（表面现象），但变道前打开转向灯的目的是为了让自己养成良好的安全驾驶习惯（本质思考），以保障自己和他人的生命安全，所以，当安全意识成为一种习惯，驾驶员是不会考虑变道前周围是否有车需要提醒，而是变道前必开转向灯。

用本质思考来分析企业的6S管理（整理、整顿、清扫、清洁、素养、安全）的作用，从表面看6S是为了让办公室、生活区、生产区、仓储区等一切场地干净、卫生，其实，6S的本质是为了让员工养成良好的工作习惯，有利于生产出稳定的高品质产品，减少企业的"跑冒滴漏"，降低运营成本。

下面是三个本质思考案例。

例1 丰田公司奉行的思考习惯是透过现象看本质，打破砂锅问到底。对于关键问题，至少通过不间断提出五个"为什么"，找出隐藏在问题背后的本质原因，从而在根本上解决问题，实现最终目的。

举例来说，你可能会发现一个问题的源头是某个供应商或者是企业内的某个环节，你知道问题发生在哪里了，但是，造成问题的根本原因是什么？要得到答案必须不断追问，深入挖掘。询问问题何以发生，先问第一个"为什么"，获得答案后，再问为何会得出这个答案，依此类推，至少要问五次"为什么"。

例2

为什么1：为何办公大楼的外墙每年都要维修？

答案1：因为墙壁受到酸蚀损害。

为什么2：为何墙壁会受到酸蚀损害？

答案2：因为墙壁被大量鸟粪弄脏。

为什么3：为何墙壁会被大量鸟粪弄脏？

答案3：因为大楼周围经常聚集很多燕子。

为什么4：为何大楼周围常聚集很多燕子？

答案4：因为墙壁外有很多燕子爱吃的蜘蛛。

为什么5：为何墙壁外有很多蜘蛛？

答案5：因为墙壁外有很多蜘蛛爱吃的飞虫。

为什么6：为何墙壁外有很多飞虫？

答案6：因为从窗子里照射出去的光线吸引了飞虫。

最终解决方案：控制灯光，拉上窗帘，定期清洗墙外灰尘。

这个案例中，通过拉上窗帘遮住了光线，使飞虫的数量减少，再定期清洁适合飞虫繁殖的尘埃，飞虫少了，蜘蛛少了，最后爱吃蜘蛛的燕子也少了。燕子来得少了，鸟粪少了，墙壁酸蚀损害就少了。

例3 有个寓言故事，说的是一位盲人在黑夜中提着灯笼前行，有路人问："你既然看不到，提个灯笼干嘛呢？"路人以为盲人提个灯笼是为了照亮路面（表面现象），盲人回答："别人看到亮光就不会撞到我。"（本质思考）

例4（反例）

甲:"你穿这件衣服不太适合你哦。"
乙:"不会吧,这是名牌货,两千多元呢。"

注意事项:

换位思考不容易,不是学习一下就会了,知道不等于会,换位思考的注意事项是要时常自问一下自己:"你能换位过去吗?"

故事1:一位农夫家养了奶牛、猪、绵羊。一次,主人来撵猪出去,猪不出去却拼命地嚎叫,牛和羊耻笑道:"主人也时常抓我们出去,我们并不叫,你干嘛那样嚎叫呢?"猪说:"主人抓你们出去要的是你们的毛和奶,主人抓我出去要的是我的命啊!"

故事2:一位记者去刑警大队采访身为劳模的大队长,采访期间,突然铃声大作,警局接到任务,有持枪逃犯需要紧急抓捕。记者看到大队长从穿好防弹衣的队员身上脱下防弹衣给自己穿上,心想"还队长呢,做事怎么这么不靠谱啊。"忍不住问其他队员:"执行任务时你们队长总是和你们抢防弹衣吗?"队员红着眼睛说:"因为防弹衣有限,我们警局有个不成文的规定,谁穿着防弹衣就一定冲锋在前,每次队长都是冲锋在前……"

这两个故事告诉我们换位思考不容易做到。就像前述的"三季人"故事里讲的,南方的访客没有体验过北方的冬季,所以他的观念是一年只有三季。生活中也不乏此类人,一位女主人看到新来的小保姆在用她的牙刷刷牙,就问道,你为什么用我的牙刷刷牙,得到的回答是:"俺不嫌你(的牙刷)脏!"

职场中的一些冲突和误会也往往是因各行其是、互不理解引起。这就警醒上级对下属要多些耐心和包容,下属对上级的指令,即使不理解也要先执行,在执行中慢慢去理解,要维护上级和组织的权威,服从组织的标准、规章、制度、流程。

和上级沟通以尊重为主,没有集中做不成事,没有民主做不好事。上级犯下的错误,终会由他们自己承担;同时,下属还是要遵守秩序、尊敬上级;可以表示出不满,但要做好自己的工作,否则错误会在组织中引起恶性循环。有人统计最高明的领导做的决策正确率平均只有70%,如果下属因怀疑而不去执行,那么,企业连这70%的执行力也没有了。

智慧来自多角度视野,不论是换位思考的哪一个方面,都应注意问题层次的多样性和系统平衡。有时,我们发现了这个事物的本质或现阶段的问题核心,换一个时空或者角度来看,会有些不同,系统思考的目的是要处理好局部与整体、短期利益与长远利益的关系,处理好主要矛盾与次要矛盾的关系,与他人达成共赢,从而在家庭、人际关系、个人成长、信仰、事业、健康多方面获得平衡发展。

三 坦诚心态

中指居于五指中央,中正而不偏不袒,本书用中指代表坦诚心态,如图7-6所示。

古语说"瓜田不纳履,李下不整冠。"意思是经过瓜田不可弯腰提鞋子,走过李树下不要举手端正帽子,以免让人误会成小偷。比喻做人要端正言行举止,避免招惹无端的怀疑。

图7-6

人与人之间,心的距离可以最近也可以最远,坦诚可以迅速缩短人与人之间的距离,是身心合一的一种表达方式。对待自己,坦诚的最高境界是说到不如做到,"君子先行其言而后纵之"说得清楚不如做得清楚。

例如，唐代名将郭子仪一生服侍过七朝皇帝，八十五岁而终，上至官，下至民，没有一个人对他有非议。我们来看看他是怎样用坦诚之道明哲保身的。

据史书记载，郭子仪当年居住的汾阳郡王府从来都是大门洞开，任何人都能进进出出，郭子仪的儿子们多次劝告父亲，觉得这么做不妥，有失郭家身份。后来，郭子仪解释说："我们家有500匹马吃公家的草料，有1000多人吃公家的粮食，如果我筑起高墙，大门紧闭，不与外面来往，一旦有人与郭家有仇，嫉妒郭家的人煽风点火，我们家都可能会有灾祸。现在我打开府门，任人进出，即使有人想诬陷我，也找不到借口啊！"儿子们恍然大悟，都十分佩服父亲的坦诚心态和坦诚的做法。

随着社会经济的高速发展，政府要廉政，企业要反腐，实际上只要遵循透明度原则，就可以在很大程度上解决腐败和灰色收入的问题。可以说透明度原则是解决各个阶层和各个组织的反腐基础。

我曾经在公司兼任采购工作，每年都有很多货款经我手流转，我给自己明确的首要原则是，虽然自己是公司总经理，但在公司内部，我会在第一时间把供应商其人其材料知会给相关同事。

饲料行业中有句名言："我们公司猪饲料的效果如何，不是我讲如何好,而是让猪说话!"就是坦诚强调做出来的饲养效果,事实胜于雄辩。

信任如一张白纸,别人疑问一次就好像用铅笔在白纸上涂一道线,疑问越多,线条越多,我们想要解释清楚时,就好像用橡皮擦擦去这道线,但是,任你擦得再干净,还会留下一道痕,基于这种理念,职场中我常告诫员工,说得清楚不如做得清楚,该说的要说到、该做的要做到、做到的要让人看得到。

坦诚与诚实

伟大的事业需要一颗坦诚的心与人沟通。

培养坦诚的心态没有捷径可走,为人诚实是第一步;培养坦诚的企业文化也没有捷径可走,高层管理者诚实是第一步。"值得信赖"是领导者的第一要素。信任可降低沟通成本,我国每年因为诚信问题造成的损失逾千亿,我们国家的家族企业早期得以成功的原因之一是家族内部成员相互信任度高,沟通成本低。

诚实是坦诚的内在基础,坦诚是诚实的外在体现。诚实的人是可以信任的人。要增加自己和企业的透明度,有能力区分哪些信息要予以保密、哪些信息必须是公开的,有勇气和魄力公开那些有必要公开的信息才是难得的。

作为管理者,对企业的商业竞争信息和必要的战略信息要守口如瓶。除此之外,明智的做法是"若有疑问,就予以公开",特别是关于财务方面更应该公开。此外,还要着重于流程、制度、规范的建设。规范的内部流程可以增加企业的透明度,这将有助于坦诚文化的形成。平衡记分卡有四个维度：财务面、客户面、内部营运面、学习与成长面。在互联网时代，我们正逐渐丧失保守秘密的能力，除了客户和知识产权之外的信息都应该坦诚。

例如，某企业有个采购经理。有一天，一个供应商找到他说："请多关照，我们的货物绝对保证质量，有时指标差一点但绝不影响使用，这是给你的1万元现金。"采购经理坚决拒绝了供应商贿赂。

不久，采购经理的儿子生了重病，经过一段时间治疗，花去了家里的大部分积蓄，家里已经快没有钱付医疗费了，这时，那位供应商又找上门来，给出10万元现金，采购经理知道有了钱，儿子就可能有救，可他还是拒绝了贿赂。

过了不久，又有人找到采购经理真诚地说："和您打了近10年交道，您一根烟都没有抽过我的，也没有吃过我请的一餐饭，我对您的人品非常钦佩，现在您家中有事，这10万元钱就算是借给你的，赶快去救孩子吧。"采购经理还是拒绝了供应商的钱。这时孩子的母亲发火了，说他不管儿子的死活。采购经理很难过，后来找到公司的老板说："我知道我应该遵循我的良心和诺言，可是我的儿子治病很需要钱，我现在的职位又受到很多诱惑，我怕我有一天把持不住

第七个转念

自己，收了别人的钱。所以我请求调换岗位，请您派一个不急需钱的人来做这项工作。"公司老板听后，为采购经理的坦诚大为感动，盛情挽留，不仅自己捐了20万元现金，还发动公司员工捐款帮助他支付医疗费。

孔子说：一个人在富裕时候要看他追求什么，在他贫穷时看他舍弃什么。这位采购经理践行了圣人的标准，控制住了"贪"毒，最后，用坦诚的表白诠释了正义人格的伟大。

注意事项：

坦诚不等于直白，有时候过于直白并不受欢迎，朋友之间偶尔也因为说话方式不当，未顾及对方情面而有闹别扭的情况。把握好说话的分寸很重要。中国人特别爱面子，你给他面子就是给他一份厚礼。

子曰"忠告而善道之，不可则止，毋自辱焉。"(《论语·颜渊》)

【译文】忠心劝告并且善意将他引导，不听的话那就算了，千万不要自取羞辱。事不过三，劝人最多劝三次，不被采纳就要离开。

坦诚不等于做什么都要直来直去，我们要结合环境、场合说妥当话、做妥当事。

真话不全说，假话全不说（季羡林）。

职场沟通三原则：对待上级要尊敬，对待平级要坦诚，对待下级要关心。尊敬，不是做样子和唯唯诺诺；尊敬，是待人有礼。尊敬的基础是坦诚，不搞当面一套背后一套。

大道至简，有哲人言"道德可以弥补技巧的不足，而技巧永远不能弥补道德的缺陷。"

四 主动心态

五指之中,除了大拇指外,食指最灵活能干,本书用食指代表主动心态(图7-7)。

积极对待自己,主动对待工作,热情对待别人,激情对待生命。

如何积极对待自己?每天和自己独处15分钟,想想自己的优点和当天做得好的3件小事,想想还有哪些可以做得更好的,记录下来。认同自己,接纳自己,欣赏自己,就会越来越自信。善于欣赏自己的人,才容易发现他人的优点,善于欣赏同伴的人,更容易主动帮助同伴。

稻盛和夫认为:热情=激情+努力。

图7-7

如何保持激情？激情来自人生的方向，来自自我价值，"我到底要成为一位什么样的人？"

1. 主动是一种工作和生活态度
热情主动往往是成功者的做事风格，劳者多能。

例如，华南理工大学工商管理学院陈春花教授讲过一个她本人的案例：刚参加工作时，学校安排她讲授"人力资源"课程，一个学期下来，深受学生欢迎，学期结束，领导找到她："小陈，你的课讲得这么好，下学期你就讲'企业文化'吧。""可以。"她很干脆地接受了。第二学期下来，听课的学生已经站满到了门口。期末结束，领导又找到她："小陈，你的课讲得这么好，下学期你来讲'企业发展战略'吧。""可以。"第三学期下来，领导又找到她，"下学期你来讲'组织与管理'吧。"就这样，四年下来，她将管理学院的大部分课程全部讲过了，而且每门课程都很受学生欢迎。讲课备课的过程让她自己也受益匪浅，成长很快。

职场中，领导安排一件工作，不理解的就在执行中理解，哪怕开始不理解这项工作，只要用心去做，就会在工作中得到锻炼。做事的过程本身就是一种个人能力提升的过程。

例如，一个炎热夏季，我给一家刚刚成立的公司培训"积极心态"课程。午餐前，一位负责接待的新员工来到讲台告诉我："王总您好，您饭后来教室取您房间钥匙，我在教室等您。"在我出门去餐厅的路上，她从后面跟过来："王总，等一会我会送房间钥匙到餐厅给您。"当我就餐时，她过来跟我讲："王总，已经安排人为您开好了房门，有同事在房门口等您。"饭后我来到房间，房间空调已开启，窗帘已经拉上。

从这件小事上可以看出，新成立公司的员工培训工作可能不够规范，但这位员工用心做事，短时间内靠悟性，一步步地将工作做得比原来更主动，若公司肯加以培训引导，将来成长会更快，多年以后，她果然成长为另一家公司的人事经理。

工作中，主动意识可以让我们的工作更接近甚至超出客户的满意度。

我曾批评公司一位应届毕业大学生（销售部门会计岗位）在工作中不主动，后来在销售会议上，他主动上台检讨，末了说了一句"我下决心改变自己，主动工作，希望以后各位销售员多多和我联系。"这样的检讨，说明他还是没有真正地提升到主动工作的层次，如果表述为"以后我会主动与大家多多联系……"主动的程度就大不一样了。

身为高级管理者，积极主动意味着将你的精力集中在那些对结果有重大影响的事项上。公司高管要警惕"替下属养猴子",要用流程管理,用数据说话,通过流程和推进表控制工作是高管的主动管理。

太宰问子贡曰:"夫子圣者与?何其多能也?"子贡曰:"固天纵之将圣,又多能也。"子闻之,曰:"太宰知我乎?吾少也贱,故多能鄙事。君子多乎哉,不多也。"(《论语·子罕篇》)

【译文】太宰问子贡:"老师是圣人吗?为什么如此多才多艺?"子贡说:"老天本来就要他成为圣人,又要他多才多艺。"孔子听说后,说:"太宰了解我吗?我小时候生活艰难,所以会干一些粗活。(不干活的)贵族会有这么多技艺吗?不会有的。"

主动心态有助于个人提升能力,可使自己的工作有增值空间。年轻人做一个值钱的人胜过做一个有钱的人。如果你不能选择工作,就是工作选择你。时下,部分年轻人频繁跳槽,对琐碎的工作第一反应是推脱逃避,即使承担了也"心不甘情不愿",于是工作起来很消极,这样"有手无心"的状态,再好的锻炼机会也会错过。

2. 主动与共赢

共赢是在坚定执着地达成个人目标的过程中,与同事相互尊重、相互欣赏、相互鼓励、相互帮助,并能在与外界伙伴的合作过程中兼顾伙伴的利益。

在中国传统文化和现有市场经济背景下,"在其位谋其政"是首要的,企业要明确岗位职责,员工要各守其责、各司其职。其次,做好自己的事,关心别人的事。

足球和篮球运动充分体现了"做好自己的事,关心别人的事"这一理念。作为一名优秀的球员,你既要有充沛的体力和较好的技能完成断球、抢球、运球,更重要的还要在完成这些动作的同时,关心每位伙伴所在的位置,及时把球传出去得分,达到组织效益最大化!相反,没有做好自己的事而对别人指手画脚,往往会事倍功半、缺乏说服力、费力不讨好,带来负面结果。为此最主要的是先把最基本的、最细微的事情做好,认真地、谦卑地做好,才可以更好地影响他人。

做好自己的事而不协助他人,是缺乏团队精神的行为,对个人发展也不利。对组织而言,要求事事有人管、人人都管事,现代企业比人类历史上任何时候的任何组织分工都精细,更需要团队合作精神。汉字"王"可拆解为"一十一",此时的"王"是团队为王,团队能力大于员工个人能力,失败的团队中没有成功的个人。

从另一角度来看,孔子在两千多年前的名言:"不在其位不谋其政",即"各守其责、各司其职"也被当今世界500强企业作为企业的管理模式。

例如,一位华人就任一家国际品牌化妆品公司CEO,偶然看到配方师正在设计一种新产品,随口说:

"这个产品颜色设计不好。"配方师马上反驳说:"我才是专业的配方师!"

如果在企业中强调"不在其位不谋其政",就要求管理团队有很高的管理水平,要求企业有很完善的组织管理系统,可以清晰地界定每个岗位每位员工的责任、权力、利益。但是,在我们一些企业中,"不在其位不谋其政"更多的是成为一些员工推卸责任的借口。我国市场经济启动较晚,多数企业的组织管理制度尚不完善,更需要"做好自己的事,关心别人的事"的企业文化。

日本某政客在20世纪90年代曾说:"中国未来20年没有高科技。"其论据是"中国现代的独生子女缺乏团队精神,没有协作就很难有系统的高科技创新。"姑且不谈独生子女是否缺乏团队精神,缺乏协作必然不容易形成系统的高科技创新。有人说一个中国人是一条龙,两个中国人是两条虫;一个日本人是一条虫,两个日本人是一条龙,虽然偏激了点,但值得我们深思和反省。

3. 舍得和奉献

舍得和奉献是勇于付出:舍是付出,得是得到,舍得是指先有付出然后才可能有回报。身懒不舍,心贪不舍,消极不舍。

主动关心别人的需求是付出、是合作、是奉献。

一个组织里,人与人应该是一种什么样的关系?有人认为是管理与被管理的关系,有人认为是合作的关系,陈春花教授认为，组织内部门与部门、人与人之间应该是付出、奉献关系。

奉献关系建立后所产生的基本现象是：每个处于流程上的人会关心他能够为下一个工序做什么样的工作；各部门会关心自己如何调整才能与其他部门有和谐的接口；下级会关心自己怎样配合才能够为上级提供支持，而上级会督促自己为下级提供支持和帮助。

我们常常忘记了人与人之间最宝贵的是付出和合作关系，一个人可以聪明绝顶、能力过人，但是如果不愿意在团队中付出，就不是用"对的人"，企业不一定用能人，但一定要用"对的人"，"对的人"是指容易接受新事物并且擅于合作和协同的人。

不愿付出的人在组织中只会做好被吩咐的工作，主动付出的人就算能力有限，也能很快成长。

主动奉献需要一种氛围，那就是注重团队或组织的荣誉而非个人的荣誉，激励和宣扬组织的成功而不是个人的成功。

每个人的能力不一，只要积极合作，三个臭皮匠胜过一个诸葛亮。如果团队中某个人不懂得主动奉献，团队总是为了他必须特别费心协调、迁就他，就算那个人能力再强，也会变成团队进步的阻力。

例如，两棵苹果树的故事：一个农夫种了两棵苹果树。硕果累累时在孩子们的欢声笑语中被弄得枝折叶落，伤痕累累。第二年，到了收获季节，孩子们发现，只有一棵苹果树上果实累累，另一棵一个果实也没有。他们比上一年小心地采摘苹果，还是弄折了不少枝叶，而没有结果的苹果树毫发无损。

不结果的苹果树得意地说，多亏了我明智的选择，才保全自己毫发无损。结果的苹果树说：多亏了农夫的栽培和照料，我才能长大成材，能给农夫和孩子们带来快乐，即使受点损失，我也很高兴。

第三年，相同的事又发生了一遍。这年冬天，农夫把不结果的苹果树砍倒当柴烧了。

舍得和奉献是一种智慧，世界上没有独存性的东西，万事万物都是相互依存的关系。你想要收获西瓜，就必须先播种西瓜种子和浇灌汗水。所谓"小利不舍，大利不来；舍得之间，高下立判。"

苹果树的付出，是要结出果实，它没有奉献，就会被人舍弃；职业经理人的付出，是要干出业绩；作为亲人和朋友，付出就是要帮助和爱护；这些都是天经地义的事。

舍得是勇于承担责任：责任比升职来得要早，先勇于负责，才会慢慢得到升职。有为才有位，有位更好为。成功者都是不以份内之事为满足的，他们不斤斤计较，比别人做得更多，走得更远。

舍得是有所为、有所不为：由于工作关系，经常出去应酬，面对一桌丰盛的菜肴，我往往至少会有3种不吃甚至只吃3种菜，我认为这是一种保持身体健康的舍得,同时也是一种个人修炼。有人问我:"这么一桌丰盛的菜肴你只吃几种,多痛苦啊!"我说:"能够在这么多菜肴中选择自己最想吃的,有这么丰盛的选择权,我多幸福啊。"境随意转,关键在你我一念之间。

注意事项:

物极必反,否极泰来。好事做尽时,助极生远、助极生怨。

例如,南太平洋的小岛上,有很多绿海龟孵化小龟的沙穴。一天黄昏,一只幼龟探头探脑地爬出来,一只老鹰要冲下来叼走他,好心游客跑去赶走老鹰,护着小龟爬入大海,意想不到的是沙穴里成群的幼龟鱼贯而出。原来那只幼龟是侦察兵,一旦遇到危险便缩回去,现在错误的信息使幼龟们争先恐后地爬上毫无遮拦的海滩。当好心的游客散去后,原来那只鹰又回来了,其他老鹰也跟着回来了,惨剧发生了……

大善似无情,一些看起来需要帮助的对象,他们所遭受的苦难,其实正是他们人生成长必须要经历、必不可少、不能被替代或者免除的。职场中,作为上级,要警惕凡事事必躬亲,替下属"养猴子",阻碍员工的成长。

生活中,要量力而行。有些人喜欢助人,但把握不了尺度,很难开口说"不",对一些他认为过分的要求也默默做了,然后又心生不满,最后容易导致自己心理不平衡。

主动要看场合，曾经有人过安检时主动帮助看起来很吃力的老人带东西过关，经查这些东西里有毒品，自己豪不知情地帮贩毒集团做了坏事，同时违犯了国法。

距离产生美，与他人交往不可因热情而侵犯他人"领地"。爱心泛滥，太过热情，有时会越界、吓跑对方、侵犯他人隐私甚至搞乱公司以及社会制度，制造"好人陷阱"。

五、知足心态

在手指家族中，其他手指都有两个关节，只有大拇指是一个指关节，结构简单，平时我们经常竖起大拇指表示对外界和自己的肯定。这里，本书就用大拇指代表知足心态（图7-9）。

图7-9

1. 知足与感恩

修身养性，知其所止，而后才有定力；有了定力，心才能静下来而不妄动；心不妄动，才能随遇而安；随遇而安，才能思虑周详。"止、定、静、安、虑、得"，其中"止"为先，知止才会有所为有所不为、知止才会控制贪欲，知止才会知足,知足是修身的基础,知足常驻心中,感恩就会相伴而来。

如图7-10所示这幅图,面对同样的半杯水,却是两种截然相反的心态和表情。

图7-10

知足感恩可以转变你的能量,可以为你的生命带来更多你想要的东西。对目前已经拥有的一切感恩,你将会吸引更多美好的事物。

人们在追求尽善尽美的同时,往往把当下已经得到的美好东西也失去了。例如:

> 传说,神对一个信徒说:"我已厌倦了你无休止的祈求,准备满足你三个愿望。慎重地选择你的愿望吧,因为一旦满足了这三个愿望,我就不会再满足你

其他的请求了。"狂喜的信徒毫不犹豫地说："我的第一个愿望是,让我老婆死掉,我好另娶一个更好的女人。"他的愿望立刻实现了。

然而,亲戚朋友们参加葬礼时,开始回忆起他妻子身上的美德,信徒发现自己太草率了。于是,他请求神让妻子复活。

这样,他只剩下了一个愿望。他决定不能再犯错误,因为没有改正的机会了。他广泛征求意见,有人建议他求得永生,可是,又有人说,如果没有健康,永生有何用呢?如果没有钱财,健康又如何呢?如果没有朋友,要钱财来干嘛呢?

多年过去了,他还是没有做出选择:永生、健康、财务、权利或是爱,到底要其中哪一样。最后,他对神说:"请指点我的选择。"

听完此人的苦恼,神笑了,对他说:"那你就求一颗知足之心吧。"

我们一直寻找的,其实是自己原本早已拥有的;我们总是东张西望,唯独漏了自己想要的,这就是我们至今难以如愿以偿的原因。(柏拉图)

2. 知足感恩与幸福

世界科学巨匠霍金全身瘫痪三十多年,只能依赖一套特制的智能系统键盘与合成声音与外界沟通。一次学术报告现场，一位年轻的记者提问："霍金先生，疾病将你永远固定在轮椅上，你不认为命运对你太不公平了吗？"

霍金艰难地用三根手指叩击键盘，伴随合成音在屏幕上显示出一段豁达而美妙的文字：

> 我的手指还能活动，
> 我的大脑还能思维，
> 我有终生追求的理想，
> 有我爱和爱我的亲人与朋友，
> 对了，我还有一颗感恩的心。
> ……

与霍金相比，我们很多人受一点磨难就抱怨，置拥有的于不顾，快乐也就与他失之交臂。

美国前总统罗斯福家被盗，丢失了很多东西。一位朋友闻讯后写信安慰他。罗斯福回信说："我现在很平安，感谢上帝！因为第一，贼偷去的是我的东西，而没有伤害我的生命；第二，贼只偷去我部分东西，而不是全部；第三，最值得庆幸的是做贼的是他而不是我。"对任何人来讲，被盗绝不是幸运的事，而罗斯福却找出了知足感恩的三条理由。

知足是一种生活智慧和处世哲学。人生在世，不可能一帆风顺，种种失败和无奈，都需要我们勇敢地面对。

感恩犹如心灵的泉水，它源源不断地滋润着我们的心田，一念之间使心灵丰盈充实，充满生机。

有些人幸福感低，是过度追求物质享受的结果。其实，幸福是一种感觉，在知足与自爱的心灵中才容易体验到。幸福不是物欲的感觉，幸福是一种心灵感觉，把自己的幸福感寄托在他人或外物的人不容易感到幸福，幸福不是他人或外物可以给你的，心怀感恩，幸福的感觉才会充盈丰盛。人的物欲无穷无尽，所以我们要学会调节自己的内心，感谢自己已经得到的一切才能感到幸福。

有一首诗在西方的感恩节广为流传，你会发现，生活中的一切不如意其实都有积极的一面：

我感恩

有每夜和我抢棉被的伴侣，
因为那表示他／她不是和别人在一起。
有只会看电视而不洗碗的少年，
因为那表示他／她乖乖在家而不是流连在外。

我缴税，因为那表示我有工作。
衣服越来越紧，那表示我吃得很好。
有阴影陪伴我劳动，那表示我在明亮的阳光下。

有待修整的草地，待清理的窗户，
和待修理的排水沟，那表示我有个家。

／ 让人积极快乐的七个转念 ／

能找到最远的那个停车位,
因为那表示我还能走路,且还有幸能有辆车。
有巨额的电费账单,因为那表示我冷气吹得爽。

教堂礼拜时我身后有个五音不全的女士,
因为那表示我还能听到。
有一堆衣服要洗烫,因为那表示我还有衣服穿。

一天结束时感到疲劳和肌肉酸痛,
因为那表示我有拼命工作的能力。

一大早被闹钟吵醒,那表示我还活着。
最后,感恩过量的电子邮件,
因为那表示有许多朋友会想到我。

当你觉得人生很糟,
就再看一遍这首诗吧!

"知足不辱。知止不殆。可以长久。"(道德经44章)

【译文】意思是说知道满足就不会受到耻辱,知道适可而止就不会有危害,因此能长久生存。老子认为最大的过失是贪得无厌,最大的祸害/苦恼是不知满足,最大的罪恶是放纵欲望。

第七个转念

注意事项：

追求完美（做事），接受不完美（做人）。

感恩不能有补偿心理。

有哲人说，世界上有两种"教"不能信，那就是"计较"和"比较"不能信。如果一定要比较，那就先和自己比，然后再去模仿别人的卓越。

例如，有一日，我送8岁的女儿去学电子琴，看到同龄的一个小朋友弹得很好，得知其每天练习半小时，坚持了两年，已经获得了6级证书，我就对女儿说："你游泳学会了吧？""嗯。"我接着问："你游泳学了多少天呢？"女儿答："15天！"我又问："每天学多长时间呢？"女儿答："每天1小时。"我趁机鼓励女儿："你真棒！你学习游泳每天1小时坚持15天就学会了，相信你练电子琴时，只要像那位同学一样每天练习半小时，坚持两年，也可以练成6级！"

本部分讲述了用五根手指形象代表的五项积极心态，即"五指神功"。积极心态犹如能量丰富的心灵土壤，可以让人行为的种子、沟通的种子、念头的种子健康成长。

一个酗酒而粗暴的父亲有两个双胞胎儿子，30年后一位成为了成功人士，另一位则穷困潦倒。记者分别采访他们："为什么能过上今天的生活？"他们的回答都一样："没办法，谁让我摊上这样一个父亲呢？"面对同样的环境，不同的心态产生了不同的结果。

  我们的心灵如同一个体积固定的水杯，水杯无法同时冷又同时热，心灵也无法同时乐观又悲观，你可以交替着想两件事，但不可能在同一时刻想两件事情。当积极心态、正面的想法越来越多，消极、悲观、不满、怨恨等负能量就会越来越少、甚至在心灵的"水杯"里没有立足的空间，心灵里将充满着正能量。

  积极心态不能保证事事成功和凡事心想事成，但是，积极心态会让阳光照进一个人的日常生活；消极的态度则会带领人慢慢走向衰败。

  人的身体健康有四个要素：心态、饮食、运动、睡眠，后三项要素即使动物也可以具备，唯独心态这个要素体现了人与动物的不同。所以，在健康四要素中，心态的比重至少占50%以上。积极心态是身心健康的基础，代表着生命中健康向上的根本力量，可以帮助我们成就高尚的品质和健康的体魄。

致 谢

本书的出版得到肖英女士,中南大学颜爱民教授,胡尚华、王建红、周剑熙、贾国华、姚龙雪的帮助,得到我爱人黄园园的大力支持,在此一并感谢。同时感谢在我生命中指导我成长的小学、初中、高中、大学、研究生、心理学、企业经营的老师,他们分别是李梅花、柳淑琴、王宪武、杨增琦、赵曼、赵渤、崔中林、张国维、黄启团、陈丹。

附　表

1. 转念"要"例句（含正面语言）

一般表达	转念"要"（正面表达）
1. 你不要太自信/嚣张	做事要稳重 你再考虑一下吧
2. 你不能那样……做	你可以这样……做
3. 你别害怕/不要担心	请你放心/勇敢些 你一定可以的
4. 你不自信	你很敏感。
5. 你给我小心点	你还是谨慎些好
6. 你总改不了缺点	你要学会扬长避短
7. 你有什么"问题"吗	情况如何 有什么好消息 你还有什么要问的吗
8. 你想减肥吗	你想拥有完美体重的感觉吗 你想变得更健康吗
9. 你为大家牺牲了时间	你对大家给予了支持 感谢你的付出 感谢你的陪伴，让我们事半功倍
10. 你要按时上报	你要按时提交
11. 你不修边幅	你觉得这样穿着庄重吗
12. 你怎么搞的	你是怎么做的

(续上表)

一般表达	转念"要"(正面表达)
13. 你看起来很紧张	你要放松,再放松些
14. 你千万不要搞砸了	请你务必把它做好/好好干
	等着你的好消息,为你庆功
	办好这件事情,收获会更大
	这件事情交给你我放心
	好好干,我看好你哟
15. 你不要想可怕的蛇	你想一想可爱的熊猫
16. 你不要想柠檬,不要想柠檬汁扑鼻的酸味	你想想新疆的大甜枣
17. (对孩子)你别跑	你慢慢走
18. 你总是做错	希望你这次可以做好
19. 你害怕失败	你渴望成功
20. 你失败了	你暂时不顺利
21. 你上报文件不得有误	你提交文件要及时准确
22. 你不会找不到的,别担心,找到它不难	请你放心,它容易找到,会找到它的
23. 你还算个好人	你是正统/守规矩的人
24. 请问你的意见	我很想知道你对此事的看法
25. 好的,谢谢你的意见	感谢直言,我会留意你的提醒
26. 看在朋友的面上帮帮我	这回得靠你了,没有你真不行
27. 输了球有你好瞧的	赢球后我们好好去庆祝一下
28. 我好痛苦	我怎样做会舒服些
29. 我不是骗子	我信奉诚实
30. 我没有时间	我想办法挤些时间

(续上表)

一般表达	转念"要"（正面表达）
31．我没喝醉	我清醒的很
32．我没钱	我渴望富裕
33．我怎样才能摆脱那位同事呢	我怎样做才能接纳那位同事呢
34．我怎样才能不失去我的职位与财富呢	我怎样做才能提升职位与增加财富呢
35．我是个失败者	我有成功的时候 / 我很快就会成功。
36．我讨厌他	我不太喜欢他 / 不太适应他
37．他是坏人	他不太健康
38．她很傻	她很单纯 / 实在 / 大智若愚
39．他像丑八怪	他与众不同 / 长相比较独特
40．要是她耐心点就好了	她做事很认真，要是多点耐心就更完美了
41．就他能耐，好像地球离他不转	他的主意真多，这回可帮了大忙了
42．这个不好	这个不合适 / 不同
43．这是错误的	这是不合适的
44．这件事很心烦	这件事不容易……
45．这是我管的	这是我负责的
46．这怕是不行吧	也许会成功
47．太贵了	性价比不合适
48．这事很难办	这事不容易办
49．听说你连续三次创业都失败了，我的建议是……	听说你近期有三次创业不顺利，我想提个建议……
50．（癌患者问）我还能活多久	（医生答）你至少还有3~6个月的健康身体

附　表

（续上表）

一般表达	转念"要"（正面表达）
51. 你们门店晚间什么时候关门	你们门店营业到晚上几点
52. 你还落后很多	你还有很大的进步空间
53. 通报大家的教训	分享大家的经验
54. 你说的我清楚	谢谢，我懂了
55. 这是我管理的工作	这是我服务的工作
56. 你坐了我的椅子	可以和你换张椅子吗 这是我常坐的一张
57. 你太让人气愤了	我感到很遗憾
58. 你使用我们产品遇到过什么问题没有	我们产品有哪些让您感到满意的？……有哪些地方需要改善的
59. 你今天说错话了	今天你在错误的时间，说了正确的话。

2. 转念"能"例句

一般表达	转念"能"
1. 你听明白了吗	我讲清楚了吗
2. 你没说清楚	我没听清楚
3. 我干不了	我自己能做些什么呢
	我现在可以从哪里入手呢
	我还有哪些需要改进的地方呢？
4. 我不知道	我想想看……
	我已经了解的是……，我会对此事跟踪，直至有个结果
5. 我有个意见	我有个建议
6. 我已经无能为力了	试一试，寻找一下其他可能性

（续上表）

一般表达	转念"能"
7. 没办法了	再考虑下，一定有办法的
8. 我已经尽力了	我尽力后还有哪些应该做而没有做的事呢
9. 我就是这样，这就是我做事的方法	我可以选择其他更好方法
10. 我不能……	我选择……
	我希望通过自己的努力，办好这件事
	我可以尽力试试看
	我该如何做得更好
11. 我不得不……	我更愿意……
	好，我会先处理好……有问题再沟通
12. 我希望我没有失业	我失业了，我想想现在我能做什么
13. 我不喜欢我的岗位	在我的岗位上，我能做些什么让我的明天变得更好
14. 我已经尽力了	我尽力后还有哪些应该做而没有做的事呢
15. 他把我气疯了	我可以第一时间觉察并管理自己的情绪
	他的观点我极不认同
	他的思考角度真奇特
	我使我自己生气，我还需要多点耐心
16. 他们不会答应的	我可以想出更有效的表达方式
17. 要是她耐心点就好了	我打算……
	我还需要提高我的能力

（续上表）

一般表达	转念"能"
18. 这个我不行 这个我处理不了	我马上办，有问题再说……
	虽然这件事情有点难办，我会尽力去做的
	行，我尽可能处理好
	这件事情我还要去调查，确认后再给你答复
	我能/可以做到的是……
19. 这事不怨我	这事我有过错
	我要是考虑得再全面些就好了/我想得不够周全
	这件事情我也有不对的地方
20. 不就这点事吗，何必大惊小怪	抱歉，这是我的失误，幸亏没造成大碍
	抱歉，我想想有哪些可以补救的方法
21. 我无法忍受你这么做	如果你这么做我会比较高兴
22. 为什么我那么倒霉	我该怎样做才好
23. 为什么我老是犯错	我要怎么做才能改善现状
24. 为什么别人会这样对我	我应该做些什么，才能改变情势
25. 你要好好工作	在你的岗位上，你能再做些什么具体的工作让你的明天变得更好
26. 假如当初……	我下一次要……
27. 早知道我就不答应他	我了解了他的处事方式，下一次我不会随便承诺了
28. 我怎么输了	我可以从中学到什么

（续上表）

一般表达	转念"能"
29. 客户：我没办法	销售员：是的，是不容易找方法，假如可能有一点点方法的话，会是什么呢
30. 为什么你考了这么低分	你怎么做，下次可以考得更好
31. 我不是已经告诉你了吗	我可以用些什么不同的方法来帮助你了解现在的情况

3. 转念"有"例句

一般表达	转念"有"
1. 你又回答错了	你又多了一次经验
2. 你总是做错	你已经有了三次经验
	希望你这次可以做好
3. 你排名在最后一名	你现在拥有最大进步空间

4. 转念"好"例句

一般表达	转念"好"（好的一面）
1. 你做那项工作时，遇到了哪些障碍	你那项工作进展得顺利吗
2. 你的数学在七门课程中最差，要努力	你六门课都不错，同时，要注意加强数学
3. 我快坚持不下去了	我处在黎明前的黑暗
4. 我遇到了麻烦	我遇到了一个成长的机会
5. 我遇到了挫折	我正经历着挑战/考验
	这其中隐藏着什么机会呢
	我又有新的机会了

附 表

（续上表）

一般表达	转念"好"（好的一面）
6. 我正受着煎熬	我正经历着磨练
	守得云开见月明
7. 他吝啬	他不乱花钱／善于持家
	他勤俭节约
8. 他独断	他果断／有魄力
	自信／有主见
9. 他虎头蛇尾	有跳跃性思维
10. 他支配欲强	他有领导力
11. 他啰嗦／繁琐	他细心
12. 他很顽固	他执着／有主见
	他坚忍不拔／有毅力
	他执行力强
13. 他有野心	他有理想／上进心／抱负
14. 他虚伪	他灵活
	他有时左右逢源
15. 他死板	他守规矩／守规则
	他讲原则／恪守原则
16. 他有缺点说改总改不了	他能听忠告（至少能听）
	他已经认识到自己的缺点，只是还没有付出行动
17. 他有企图心	他很有想法／有愿景
	他目标感强／善于谋略
18. 他冷酷	他守纪律／有原则

(续上表)

一般表达	转念"好"（好的一面）
19. 他急性子	他行动力强 / 他追求效率
	他时间观念强
20. 他贪吃	他爱惜自己，能吃是福
	他胃口好
21. 她爱哭	她感性
	她情感丰富
22. 他吃饭看报纸	他珍惜 / 节约时间
23. 他是对手	只要我愿意，他可以是朋友
	他是竞争伙伴
24. 他真缠人	他有韧劲 / 百折不挠
	他真有耐心 / 他执着
25. 他不修边幅	他不拘小节 / 他洒脱
	他穿着有个性
26. 他说谎	他想象力强
27. 他总拿老板压人	他坚决贯彻老板决策
28. 他多次骚扰我	他与我保持密切沟通
29. 这孩子多动	这孩子活泼
30. 这回完了，麻烦大了	不巧，有这么件事
31. 玫瑰花下都有刺。	每丛刺上都有玫瑰花
32. 过一次生日少一年……	过多一次生日就又多活了一年，生活真精彩
33. 冬天一派肃杀	冬天已到，春天还会远吗
34. 人生不如意事常八九	人生如意事至少一二……

附 表

(续上表)

一般表达	转念"好"（好的一面）
35. 橘子大的酸、小的甜，若拿到大的，太酸！若拿到甜的，太小	若拿到小的就庆幸它是甜的，若拿到酸的感谢它是大的
36. 风可将人埋葬大海	风可助我们扬帆远航
37. 希望是地平线，看得见而走不到	希望是启明星，摘不到，但能告诉人们曙光就在前头
38. 怎么会这样呢	幸好……
39. 愚钝	大智若愚
	反应慢
40. 平庸	平凡
	平平淡淡才是真
41. 聋子	有听力障碍的人
42. 瘸子	身体残疾的人
43. 白痴	有认知障碍的人
44. 这个人缺点很多	这个人有很多不同之处

5. 转念"用"与转念"解决"例句

一般表达	转念"用"与转念"解决"
1. 你进行那项工作时，遇到了哪些问题	那项工作你进行得怎么样/顺利吗
2. 你真笨	你再想想……
3. 你没说清楚	你的意思是……
4. 你听我的	你认为如何 我们来沟通一下

(续上表)

一般表达	转念"用"与转念"解决"
5. 你别后悔	你再考虑一下
6. 你应该……	我希望……
	我建议……
	或许你可以……
7. 你不能那样……做	你可以这样做
	你可以换个方法
	你换个角度是不是会更好
8. 你怎么这种态度？	你担心的是什么
	你遇到什么不顺利的事了
9. 你干嘛把附表与合同正文写在一起	你可以把附表与合同正文分开，写成两份文件
10. 你不要这样做	你觉得这样做有效果吗
	如果你继续这样做，将来会出现什么情况
11. 你觉得这样做有效果吗	你觉得怎样做会更有效果
12. 你不要太自信／嚣张	我们可以再低调一些
13. 你要好好工作	在你的岗位上，你能做些什么让你的明天变得更好
14. 你怎么考得这么差！为什么	你怎么做，下次可以考得好一些
15. 你已经尽力了	我知道你已经尽力了，想想看，你还有哪些应该做而没有做的事呢
16. 我已经尽力了	我还有哪些应该做而没有做的事呢
17. 我奉陪到底	我将与你保持沟通

附 表

（续上表）

一般表达	转念"用"与转念"解决"
18. 我以为……	我认为……
19. 我就是这样，这就是我做事的方法	我之前习惯这样做，现在我可以尝试其他更好的做事方法……
20. 他有前科	再给他一次机会
21. 这是为什么	我们来想想怎么办
22. 这不可能	不，可能
23. 这个计划不现实	你打算具体怎么做
24. 不要吵了！（会议中）	安静！请围绕主题，依次发言，希望会议能顺利进行
25. 以下是尚未规范管理的子公司名单	以下是尚待规范管理的子公司名单
26. 儿子早点睡	现在几点了？爸爸都已经睡了
27. 你为什么今天迟到	你明天可以准时到吗
28. 你不吃早餐会影响工作	长期不吃早餐容易引起胆囊炎
29. 开紫外灯对人的眼睛不好	开紫外灯你的眼睛会受到刺激难受
30. 我可以帮你吗	我可以怎样帮你
31. 还没有完成那项工作吗	进行那项工作时遇到了什么不顺利的吗
32. 我已经告诉你了，不是吗	我可以用些什么不同的方法来帮你了解现时情况
33. 我不能参加你们23日的会议	我之前已定了23日要出差……
34. 我不能安排王老师参加你们广东区域的会议	王老师出差刚到海南，我另安排李老师参加广东区域会议好吗

6. 积极者的"三化"

现代心理学研究表明,面对负面事件时,消极者与积极者有以下三个不同反应:

A. 普遍化与个别化

消极者普遍化	积极者个别化
所有领导都不公平	余经理是不公平的
所有男人都不是好人	余先生和李先生不是好人
我所有运动都很差	我足球和篮球不行

B. 永久化与暂时化

消极者永久化	积极者暂时化
我加入了一家新公司,没有人会想跟我做朋友	我加入了一家新公司,需要时间结交新朋友
我转学到新学校,没有人想跟我做朋友	我转学到新学校,需要时间结交新朋友
(非原则问题)不同意	暂不同意
你总是做错	你已经有了三次错误经验
你总是令我生气	你这样做让我生气
你老是一事无成	你失败了 3 次
你总是手机充电后忘记拔下充电器	你有时候会在手机充电后忘记拔下充电器

C. 个性化与行为化

消极者个性化	积极者行为化
因为你又懒又笨，今年没有奖金	因为你今年勤奋度不够，思路不清，今年没拿到奖金
你真是个笨蛋，考试又不及格	你是个聪明的孩子，这次数学考试不及格，是不是上课没认真听（行为），还是有其他原因
因为我笨，所以考试不及格	因为我不够努力，所以这次考试不及格
我不能加入足球队是因为没人喜欢我	我这次不能加入足球队是因为我足球暂时踢得不好
被罚是因为我是捣蛋分子	因我上课不专心这次被罚
小明讨厌我，以后也不会再跟我玩	小明今天生我的气，不愿意跟我玩
妈妈脾气是最坏的	妈妈只是今天心情不好

注：附表的例句，请因时、因环境、因人正确使用。

参考文献

［1］素黑·自爱. 无须等待［M］. 北京：中信出版社，2013.

［2］马可·奥勒留. 沉思录［M］. 李娟，杨志，译. 济南：山东美术出版社，2008.

［3］张晓华，陈阳. 道德经全集［M］. 北京：海潮出版社，2007.

［4］李中莹. 重塑心灵［M］. 北京：世界图书出版社，2006.

［5］稻盛和夫. 活法［M］. 周庆玲，译. 北京：东方出版社，2005.

［6］张声雄. 学习型组织的创建［M］. 上海：上海科学普及出版社，2000.

［7］古典. 拆掉思维里的墙［M］. 长春：吉林出版集团，2011.

［8］陈春花. 管理的常识［M］. 北京：机械工业出版社，2010.

［9］陈春花. 激活个体［M］. 北京：机械工业出版社，2015.

［10］朗达·拜恩. 秘密［M］. 谢明宪，译. 北京：中国城市出版社，2008.

［11］安东尼·德·梅勒. 上帝的公式［M］. 孙张静，译. 长沙：湖南人民出版社，2011.

［12］何权峰. 格局［M］. 南京：江苏文艺出版社，2016